ZEIT&GEIST

Ob das Liebe ist?

Ob das Liebe ist?

Die Kunst der Partnerschaft

Kösel

ZEIT & GEIST

Herausgegeben vom
Institut für Tiefenpsychologie und Philosophie
durch Dr. Norbert Copray, M. A.
Redaktionsanschrift
Kiesweg 3, 6370 Oberursel
Nicht namentlich gekennzeichnete
Beiträge sind redaktionelle Texte.

ZEIT & GEIST 1: Ob das Liebe ist?
ISBN 3-466-35144-8

Gesamtherstellung: Kösel, Kempten
Layout und Umschlag: Bine Cordes, Weyarn
1 2 3 4 5 · 94 93 92 91 90

Moment mal – *Sie halten nichts vom Streiten in der Partnerschaft? Sie fürchten sich geradezu davor? Ihrer Erfahrung nach passen Streit und Liebe nicht zusammen? Aber: Eine leidenschaftliche, interessante und lebendige Partnerschaft wünschen Sie sich auch. Nur harmonisch soll sie eben sein. Gehen nicht die meisten Beziehungen an den endlosen Meinungsverschiedenheiten und Streitigkeiten kaputt? An den »überflüssigen Beziehungsgesprächen« und dem ganzen »Psychokram«? Wenn wir uns wirklich lieben, brauchen wir nicht viel zu besprechen. Richtige Liebe kommt ohne Gespräch aus.*

Mit diesen Ansichten lägen Sie im Trend der Zeit. Die meisten von uns suchen Sicherheit in ihrer Partnerschaft. Deshalb scheuen sie Probleme und Konflikte. Da aber unweigerlich immer wieder welche aufkommen, wird Gewalt angewendet und Macht ausgespielt. Streiten wird als Siegenwollen begriffen, als Unterwerfung und als Kleinmachen des Partners.

»Hören Sie doch auf« werden Sie jetzt sagen: »Ich will Zärtlichkeit und Spaß, gut unterhalten will ich mich und mich an der Liebe freuen. Liebesleute sollten sich nicht ständig in Frage stellen und sich nicht immer von neuem zweifelnd und mißtrauisch beobachten. Liebe erlebt man oder man erlebt sie nicht. Ein Ringen darum ist völlig zwecklos.«

Ich befürchte, daß Sie auf alle meine Fragen schon Antworten haben, weil sie »erwachsen« sind: Stereotype und leblose Klischees. Oder sogar Dummheiten?

An diesen »Antworten« scheitern die Liebesbeziehungen. Am Sicherheitsstreben, an der lähmenden »Ruhe« vor Gewaltausbrüchen, am tödlichen Schweigen der viel zu schnell Gekränkten, Beleidigten und Mutlosen. Weil wir verwöhnt wurden, d. h. nicht lernen durften, Schwierigkeiten im Streit zu überwinden. Illusionen von romantischer Liebe und harmonischer Zweisamkeit beherrschen heute die Vorstellung von Partnerschaft.

Neulich rief mich eine verzweifelte Frau an und fragte mich, was sie tun müsse, um ihre Partnerschaft zu retten. Als sie ihrer Freundin ihr Leid klagte, hatte ihr Mann geschrieen:

»Wir haben keine Probleme, und wenn, dann macht das jeder mit sich selbst aus. Das geht keinen außer uns etwas an.«

Wo aber nicht gesprochen und gestritten werden darf, da wird zerstört. Eher schlagen die Menschen zu, als daß sie sich eröffnen. Das ist das Dilemma der Partnerschaften unserer Zeit. Wir können nicht lieben, weil wir nicht streiten können. Wir können keine Nähe herstellen, weil wir uns nicht auseinandersetzen können.

Jemand muß schuld sein. Frauen mäkeln, motzen, mosern und meckern angeblich an Männern herum. Männer mauern, verkrümeln sich, schmollen. Wer stellt Forderungen und bricht Tabus? Wer kann produktiv streiten, um Gewalt zu vermeiden? Wer verbietet den Streit?

Eltern verbieten Kindern das Streiten. Wir »Erwachsenen« tragen darum geheime und unbewußte Verbote im Herzen.

Männer befolgen Verbote: »Du darfst keine Angst haben. Vor allem darfst Du nie Deine Angst zeigen, diese Frau zu verlieren, sonst tanzt sie Dir auf der Nase herum. Du darfst nicht nachgeben. Du darfst nicht bitten, Du mußt befehlen. Du mußt beweisen, daß Du es auch alleine schaffst, daß Du ohne Liebe leben kannst. Du darfst Dich nicht weich oder schwach zeigen. Laß Dich nicht demütigen oder unterwerfen. Du bist im Recht. Dir wird Unrecht getan. Kämpfe, um zu Deinem Recht zu kommen!«

Streiten tut Ihr Männer noch nicht. Ihr unterdrückt Eure Konflikte und Eure Gefühle. Ihr zerstört gewachsene Beziehungen. Ihr macht kaputt, was Euch am Leben hält. Ihr trennt Euch. Weil Ihr nicht streiten könnt und weil Ihr so ungeheuer empfindlich seid.

Auch Frauen befolgen Verbote, nur ganz andere: »Du darfst ihn nicht reizen. Du mußt Dich mit seinen Macken abfinden. Du darfst nicht wütend werden, weil Du ihn sonst verletzt. Du darfst Dich nicht von ihm distanzieren, weil er Dich braucht. Du darfst nicht verlangen, daß er sich für Deine Bedürfnisse verantwortlich fühlt. Du mußt geduldig warten, bis er Zeit für Dich hat. Du mußt verbindlich und freundlich sein. Du darfst keine Krisen heraufbeschwören, indem Du Dich verweigerst. Du mußt seine egoistische und parasitäre Haltung, seine Eifersucht und seine Sprechverbote hinnehmen. Seinen offenen und subtilen Gewalttätigkeiten mußt Du möglichst geschickt ausweichen.«

Streiten tut Ihr Frauen auch noch nicht. Ihr unterdrückt Eure Wut und Empörung. Ihr kittet halb zerbrochene Beziehungen. Ihr laßt Euch kaputt machen. Frauen kämpfen versteckt, gehorsam und defensiv. Sie halten aus, weil sie sich nicht trennen können. Das nennen Männer dann »Psychoterror« und unterstellen, daß Frauen emotional raffiniert und tückisch sind. So leben Männer und Frauen in der Partnerschaft ohne richtigen Streit auf die nächste Trennung hin. Unser Leben ist ein Leben zur Trennung.

Euch Männern gefällt die Wahrheit über Eure Kraftlosigkeit und Konflikt-Drückebergerei nicht. Erst nach der Trennung merkt Ihr, wie sehr die Frau Euch fehlt. Euch Frauen gefällt die Wahrheit über Eure Bravheit und Langmut nicht. Ihr wollt nicht wahrhaben, daß Euer Partner streitfaul und Ihr selbst streitverängstigt seid. Ihr wünscht Euch zwar den denkenden Mann, der auch zu fühlen vermag, den interessierten Partner, der sich Euch zuwenden kann. Aber Ihr riskiert dafür zu wenig. Erst nach der Trennung merkt Ihr, daß Ihr dem Mann viel mehr hättet zumuten müssen – und können.

Sie werden jetzt vielleicht behaupten, daß ich ein Streithammel bin, ein für Ihr Empfinden liebesunfähiger Mann, ein Querulant. Sie haben eine ganz andere Vorstellung von Liebe: »Einander mögen und helfen, in Frieden leben, sich gegenseitig achten und Opfer bringen.«

Vielleicht irren Sie sich. Vielleicht ist diese naive Vorstellung von Liebe am ehesten geeignet, die Trennung der Liebespartner herbeizuführen. Ich lebe seit zwanzig Jahren mit Irmgard Hülsemann und wir streiten mindestens alle vierzehn Tage einmal heftig. Nicht gewalttätig, aber energisch; nicht gehässig, aber konsequent; nicht um Macht auszuüben, aber um Kräfte zu entwickeln. Wahrscheinlich freuen wir uns deshalb immer wieder aneinander und am intensiven Austausch.

»Das ist doch völlig unrealistisch«, werden Sie jetzt denken, »das haben wir doch alle nicht gelernt«. Da haben Sie recht. Streiten wird nirgends gelehrt. Oder doch? Wir haben es doch auch gelernt, in diesen zwanzig Jahren, mit- und manchmal gegeneinander. Es gibt heute Orte, an denen Sie das produktive Streiten lernen können.

Nun werden Sie sagen: »Ach, schon wieder dieser Psycho-Quatsch. Lassen Sie mich doch damit in Ruhe!«

Aber, Moment mal, hören Sie: »Sie sind doch auch oft unzufrieden mit Ihrer Partnerschaft. Sie gehen trotzdem den meisten Konflikten klammheimlich aus dem Weg. Oder etwa nicht?«

Irmgard Hülsemann und ich haben die Instrumente der Tiefenpsychologie benutzt, um Streiten zu lernen. Deshalb liegt in unserem Streit die Versöhnungsmöglichkeit, so heftig er auch werden mag. Aber Ihnen ist die Tiefenpsychologie zu rational, zu anstrengend und einfach zu bieder. Die Psychotherapeuten sind für Sie Gurus und Geldschneider.

Ich werde mich hüten, Ihnen Wege zeigen zu wollen. Ich werde mich hüten, Sie belehren zu wollen. Sie gehen sowieso Ihren eigenen Weg. Oder sind Sie im Grunde schon überzeugt? Sie können sich nur noch nicht durchringen, mir zuzustimmen?

Dazu: Daß wir verstehen lernen können, unsere Motivationen und die unserer Partner. Daß wir nicht nur versöhnen, sondern Streiten lernen müssen. Daß wir uns nicht immer werden einigen können. Daß wir, um streiten zu lernen, arbeiten müssen, Gespräche führen, uns langsam in die Welt des Partners, der Partnerin hineinarbeiten müssen. Daß wir nicht alle unsere Erwartungen und Bedürfnisse auf diesen einen Menschen richten dürfen. Daß wir Freundschaften außerhalb der Liebespartnerschaft brauchen. Daß dies alles Jahre dauern wird, weil es keinen schnellen Weg zum Glück in der Partnerschaft gibt. Sie können noch nicht zugeben, daß es uns an Selbsterkenntnis und Menchenkenntnis mangelt: Daß wir lernen müssen, Unsicherheit zu ertragen, Angst anzunehmen. Daß Männer etwas ganz anderes lernen müssen als Frauen. Daß Männer von Frauen lernen müssen.

Streiten hieße miteinander sprechen, ohne rauszurennen, dableiben, sich Zeit nehmen, Fragen stellen, Antworten anhören, wieder Fragen stellen, geduldig werden, wochen-, monate-, jahrelang . . . Dann würde auch die Liebe nicht verkümmern.

In der Hoffnung, Sie etwas aus der Ruhe gebracht, verunsichert und streitlustiger gemacht zu haben, bleibe ich mit den besten Wünschen für eine Zukunft voller Auseinandersetzung in Ihrer Partnerschaft

Ihr Wilfried Wieck

Dr. Wilfried Wieck studierte Physik und Mathematik, war Assistent und Assistenzprofessor am Lehrstuhl für Betriebswirtschaftslehre an der FU Berlin. Langjährige Mitarbeit in psychotherapeutischen Großgruppen. Er promovierte zusammen mit seiner Lebensgefährtin Irmgard Hülsemann im Fach Psychologie. Sie arbeiten als Psychotherapeuten in eigener Praxis in Berlin. Einem größeren Publikum ist Wieck durch sein Buch »Männer lassen lieben« (jetzt auch als Taschenbuch) bekannt geworden.

Inhalt

Vorstellung

Die Zweifel sind berechtigt: Was die gelungenen oder mißglückten Beziehungen zwischen Frauen und Männern, was geglückte und zerbrochene Intimität zwischen Frau und Mann bedeuten, ist nicht eindeutig. Eindeutig ist nur: noch nie waren so viele Frauen und Männer auf der Suche nach einer Beziehung, die so hohe und viele Ansprüche einlösen sollte, wie zu unserer Zeit. Daher sind die mißlungenen Beziehungen nicht gleich ein Beweis für die Unfähigkeit der Menschen, intime Beziehungen zu leben. Sie sind zumindest ebenso ein Anzeichen dafür, wie ernsthaft Menschen immer wieder darum ringen, befriedigende Beziehungen zu gestalten – und wie realistisch genug sie oft sind, wenn sie deren Zukunftsaussichten einschätzen. Nicht von ungefähr ist, wie in den Beiträgen von *Wilfried Wieck* und *Michael Cöllen* erkennbar – die Art und Weise, gemeinsam und gegeneinander zu streiten, ein entscheidender Hinweis auf die Grenzen und Möglichkeiten, die eine Beziehung zwischen Frau und Mann auszeichnen.

Im Streit wird immer auch um die Struktur einer Beziehung gerungen, um das Bild, das ihr zugrunde liegt und das sie künftig bestimmen wird. Daß es ohne Partnerschaft jetzt und künftig kaum noch Liebe zwischen Frauen und Männern geben dürfte, ist die Einsicht, die die Beiträge von *Norbert Kluge, Charlotte* und *Howard Clinebell, Wolfgang Bartholomäus* und *Kristin Becker* vermitteln. *Bernhard Sill* sieht sogar eine bestimmte Form von Partnerschaft entstehen, die die Beziehungen von Frauen und Männern künftig entscheidend bestimmen wird und ohne die weder Zärtlichkeit noch Liebe vorstellbar sind: Die androgyne Partnerschaft, in der der partnerschaftliche Liebesstil nicht nur eine Frage der gerechten Aufgabenteilung und der äußeren demokratischen Abstimmung, sondern der seelischen An- und Aufnahme der gegengeschlechtlichen Psyche ist.

Die »Kunst der Partnerschaft« wird zur Basis, damit überhaupt eine Liebesbeziehung entstehen und wachsen kann. Worin besteht aber die »Kunst« der Partnerschaft? Darauf antworten alle Autorinnen und Autoren dieses Buches. Woher aber bezieht die Kunst der Partnerschaft ihre Energie, ihre Dynamik und Zielrichtung? Für die Beantwortung dieser Frage gehen *Wolfgang Bartholomäus* und *Norbert Copray* von einem letztlich unteilbaren Liebesbegriff aus, der bedeutet: Wo Liebe und Sexualität auseinandergerissen werden, wo lieblose Erotik und unerotische Liebe gelebt wird, wird Liebe bereits um ihren Sinngehalt gebracht, da wird es bereits unsinnig, überhaupt von Liebe zu reden. Menschliche Sexualität zeichnet sich durch Verbindlichkeit aus: »Wer einander nackt zu erfahren gibt, kann aneinander gebunden werden« (*Bartholomäus*).

Die Geburt der Partner (vergleiche den Beitrag von *Ursula Tschirch*) ist gewissermaßen eine dritte Geburt des Menschen. Zuerst wird er aus seiner Mutter geboren; später vollzieht er seine zweite Geburt, wenn er den familiären Rahmen überschreiten und psychosozial selbständig wird. Mit der Suche nach einer Partnerin oder einem Partner für Intimität und Liebe entsteht die Notwendigkeit einer dritten Geburt: Jetzt muß ein Mensch zur Selbstbildung schreiten, um sich zu einem Partner, zu einer Partnerin zu entwickeln. Meistens fällt dieser Vorgang mit der ersten intensiven Beziehung zu einer Frau, zu einem Mann zusammen, was »die Geburt der Partner« verkompliziert, was aber auch offensichtlich unumgänglich ist: Ich werde am Du (*Martin Buber*). Das Ende eines solchen Geburtsvorgangs kann schmerzlich sein. Das »Ende einer Ehe« (vergleiche den Beitrag von *Uve Schmidt*) kann aber auch berauschend und der Anfang einer wahren Liebesbeziehung sein. Ob das dann Partnerschaft ist? Diese Ausgabe von ZEIT&GEIST lädt Sie ein zur Kunst der Partnerschaft. Ich wünsche Ihnen eine anregende Lektüre!

Norbert Copray
Herausgeber und Redakteur

ZEITRAFFER

»Wer bist du?«, sagte der kleine Prinz. »Du bist sehr hübsch . . .«.
»Ich bin ein Fuchs«, sagte der Fuchs.
»Komm und spiel mit mir«, schlug ihm der kleine Prinz vor. »Ich bin so traurig . . .«
»Ich kann nicht mit dir spielen«, sagte der Fuchs. »Ich bin noch nicht gezähmt«.
»Ah, Verzeihung!«, sagte der kleine Prinz.
Aber nach einiger Überlegung fügte er hinzu:
»Was bedeutet ›zähmen‹?« . . .
»Zähmen, das ist eine in Vergessenheit geratene Sache«, sagte der Fuchs.
»Es bedeutet: sich ›vertraut machen‹.«
»Vertraut machen?«

Antoine de Saint-Exupéry

Sexuelle Zufriedenheit?

Der Psychologe *Joseph Lo Piccolo* von der Universität in Missouri brachte es an den Tag: Eine wissenschaftliche Befragung von 93 Paaren, die im Alter von 34 Jahren neun Jahre verheiratet waren, offenbarte den Wunsch der Männer und Frauen nach drei- bis viermaligem Sexualverkehr in der Woche. Doch gerade zwei Prozent der Paare räumten ein, daß sie tatsächlich mehr als einmal die Woche miteinander schlafen, während 12 Prozent angaben, nur höchstens alle vierzehn Tage miteinander »ins Bett zu gehen«. Diese Angaben decken sich teilweise mit noch recht unvollständigen Erhebungen und Einschätzungen in der Bundesrepublik Deutschland. Danach hat nahezu jedes vierte Paar keine Lust mehr aufeinander. Bei vielen Paaren fehlt auch eine sexuelle Übereinstimmung, was die Häufigkeit der praktizierten Sexualität anbelangt. ■

Sympathie der Gehirne

Auf *Jacobo Grinberg-Zylberbaum* und *Julieta Ramos* geht die Entdeckung zurück, daß sich bei zwei Menschen, die sich ineinander einfühlen, auch die Gehirnwellen angleichen. Sobald Dritte anwesend sind, sinkt die Übereinstimmung sichtbar ab. In dem aufwendigen Experiment an der Nationalen Universität von Mexico City äußerten jene Paare, deren EEG zunehmend angeglichene Gehirnströme während des Experiments verzeichnete, sie seien während des Versuchs geradezu miteinander verschmolzen. Je intensiver die wechselseitige Konzentration aufeinander war, desto mehr glichen sich auch die Gehirnstrombilder der linken und der rechten Gehirnhälfte an; eine seltene Erscheinung, wie sie sonst nur bei außerordentlichen Bewußtseinszuständen und in nachhaltiger Meditation auftritt. Die Forscher gehen davon aus, daß Menschen, die sich intensiv gefühlsmäßig aufeinander einstellen können, zwischen sich »neuronale Felder« aufbauen. Diese Felder könnten auch Gedankenübertragungen, Telepathie und weitere wachsende Einfühlung erklären. ■

Sexuelle Gewalt

100000 bis 200000 gewalttätige Übergriffe von Männern gegenüber Frauen halten die Mitarbeiterinnen und Mitarbeiter der Bevollmächtigten für Frauenangelegenheiten bei der Hessischen Landesregierung jährlich für wahrscheinlich. Dabei rangiert der nächtliche Überfall durch einen völlig Unbekannten nahezu ganz hinten auf der Skala, während der Übergriff durch flüchtige Bekannte, Verwandte und Partner die Skala anführt. Die Bilder der Männer spielen eine eher untergeordnete Rolle. Auch ist die Tat selten spontan, sondern zumeist vorher bedacht worden. Eine besondere Opferdisposition, wie sie gelegentlich in psychologisierenden Stammtischgesprächen oder in der Kriminaltheorie auftaucht, konnte für Frauen durch Untersuchungen nicht erhärtet werden. Gewaltsame Übergriffe durch Männer können alle Frauen treffen: zierliche und stämmige, hübsche und den gängigen Normen weniger entsprechend hübsche, selbstbewußte, vorsichtige, leichtsinnige und sportliche. Häufige Form des gewaltsamen sexuellen Übergriffs ist die *versteckte Vergewaltigung*, im

Amerikanischen *date rape* genannt. Eine Frau gibt der körperlich überlegenen Zudringlichkeit eines Mannes schließlich nach, weil sie keine Chance der Abwehr und Flucht mehr für sich sieht und weil sie selbst Mittel der Gewalt gegen den Mann wie selbstverständlich ausschließt. *Beziehungsvergewaltigung* liegt vor, wenn ein Mann eine bestimmte Beziehung zu einer Frau gegen deren Willen ausnutzt, um Sexualität mit ihr durchzusetzen. ■

Ehe vor der Ehe

Etwa drei Millionen Bundesbürger und -bürgerinnen leben derzeit in der Bundesrepublik Deutschland in einer nichtehelichen Lebensgemeinschaft. Etwa die Hälfte davon sind Hauptschulabsolventen, die nächsten 21 Prozent haben Mittlere Reife. Nichteheliche Lebensgemeinschaften haben also speziell nichts mit studentischem Milieu zu tun. Evangelische und katholische Konfession spielen bei der Entscheidung zur nichtehelichen Lebensgemeinschaft eine zunehmend geringere Rolle. Allerdings bestätigt die Erfahrung nicht, daß die nichteheliche Lebensgemeinschaft, die Ehe vor der Ehe, hilft, Beziehungsfehler zu vermeiden und die Scheidungsrate zu senken. In den USA deutet sich sogar der Trend an, daß Paare, die bereits vor der Hochzeit zusammenlebten, sich schneller wieder scheiden lassen. Offensichtlich sind Paare, die eine längere Zeit nichtehelicher Lebensgemeinschaft durchlaufen, nüchterner im Umgang mit ihrer Beziehung und weniger bereit, um der Beziehung willen längere Phasen der Suche, des Konflikts, des Leidens auf sich zu nehmen. ■

Beziehungen vor dem »Ruhestand«

Beim sogenannten »Pensionierungsschock« wird zumeist an den berufstätigen Mann gedacht, der durch seine Pensionierung in ein Lebensloch fällt. Doch die Pensionierung trifft die Frau in gleichem Maße. Abgesehen von den Auswirkungen der Befindlichkeit ihres Mannes muß sie von der Pensionierung an auch deutlicher um die durch die Berufstätigkeit des Mannes erworbene häusliche Freiheit kämpfen, die sie über Jahrzehnte zu schätzen und auszufüllen gelernt hat. Die Frauen haben häufig einen Lebensstil entwickelt, der bis zu ihrem Tod durchzuhalten wäre, wenn nicht der pensionierte und auf Häuslichkeit reduzierte Mann neue Beziehungsprobleme auch für die Autonomie der Frauen aufwerfen würde. Daher wird es zunehmend wichtiger, nicht nur Männer, sondern auch lange Jahre im Haushalt tätige Frauen auf die Pensionierung vorzubereiten. Auf Seiten der Männer besteht vielfach die Angst, von den Frauen für deren Lebensrhythmus vereinnahmt zu werden, so daß sie versuchen, durch Gegenkontrolle den eigenen Freiheitsraum aufzubauen und die Dominanz der Frau in Wohnung und Haus zu mindern. Mit der Verschiebung der Altersverteilung in der Bundesrepublik Deutschland nach oben wird anstelle der vielen Ehevorbereitungs- und Paarbegleitungskurse eine Beratungsarbeit für die jungen Senioren und ihre Beziehungen an der Schwelle des »Ruhestands« immer wichtiger werden. ■

Gewaltehe

Damit ein in der Ehe durch Vergewaltigung gezeugtes menschliches Leben nicht abgetrieben werden kann, widersetzen sich offiziellen Angaben zufolge die CSU und in abgeschwächter Form die CDU dem Versuch aller Parteien, innereheliche Vergewaltigung wie außereheliche unter Strafe zu stellen. Dabei bleibt bis heute unklar, ob der »Abtreibungsvorbehalt« der CSU bei ehelicher Vergewaltigung Teil einer Strategie ist, den Vergewaltigungsparagraphen generell zu verhindern. Denn für die psychische Bedeutung der Situation ist es egal, ob einer Frau in oder außerhalb gewalttätiger Ehe ein Kind mit Gewalt aufgezwungen werde. Es darf angenommen werden, daß der Widerstand der CSU und großer Teile der CDU gegen die Strafbarkeit der Vergewaltigung in der Ehe symbolischer Ausdruck für das Verständnis von Frauen, Sexualität und Ehe in diesen Parteien ist. Das Recht auf den Leib der Partnerin gehört zu den konservativen Elementen der Ehe- und Sexualmoral, dem sich viele Frauen aus ehelichem Pflichtgefühl gerade im konservativ-bürgerlichen Milieu unterwerfen dürften. ■

Liebesstile

Professor *Hans Werner Bierhoff* vom Fachbereich Psychologie der Universität Marburg ist durch Auswertung wissenschaftlicher Studien und durch selbst durchgeführte wissenschaftliche Interviews zu der Überzeugung gekommen, daß es sechs unterschiedliche Liebesstile zwischen Menschen gebe. Er unterscheidet daher voneinander:

1. *Eros* – direkte Anziehung durch eine andere Person, die sexuelles Interesse weckt.

2. *Ludus* – Spiel unter Umständen mit mehreren Partnern, ohne die Gefühle sehr ernst zu nehmen; es geht um Gegenwartserlebnisse.

3. *Storge* – Liebe als Folge einer engen Freundschaft, die nicht auf starken Gefühlen, sondern auf gleichen Interessen und Erfahrungen beruht.

4. *Mania* – besitzergreifende, vereinnahmende Liebe, die abhängig macht und exklusive Zuwendung verlangt, meist mit Eifersucht verbunden.

5. *Pragma* – hier steht im Vordergrund, zueinander zu passen, einander Bedürfnisse befriedigen zu können und sich aus Vernunftsgründen zusammenzutun.

6. *Agape* – unter Liebe ist eine Beziehung der Selbstlosigkeit und der Pflichterfüllung in der Achtung des anderen verstanden.

Bierhoff fand heraus, daß der Liebesstil Eros von beiden Partnern aus wachstumsfördernd auf die Partnerschaft einwirkt und auch die höchsten Chancen gegenseitiger Glücksbefriedigung wahrscheinlich erscheinen läßt. Ludus und Mania treten in der Regel auf, wo die Partner in ihrer Partnerschaft nicht besonders glücklich sind.

Interessant wäre zu erfahren, wie sehr sich der Liebesstil eines Paares mit dem in der Elternehe der jeweiligen Partner kennengelernten Liebesstil deckt und welche Entwicklung

eine Partnerschaft nimmt, wenn die Partner verschiedene Liebesstile mitbringen. Darüber existieren aber noch keine weiteren Untersuchungen, so daß jedes Paar zur Selbsterkenntnis anhand der sechs Liebesstile aufgefordert ist. ■

Labors für Paare

Carl R. Rogers, der Begründer der nondirektiven Gesprächspsychotherapie, zugleich einer der herausragenden Begründer der Humanistischen Psychologie, ist der Auffassung, daß wir Partnerschaftslabors brauchen, um zu neuen und zukunftsweisenden Formen im Zusammenleben von Paaren zu kommen. Ehe und Kleinfamilien hält Rogers in seinem Buch »Partnerschule« weithin für nicht funktionierende Institutionen. Rogers: »Was wir brauchen, sind Forschungssstätten und Experimente, um eine Wiederholung der alten Fehler zu vermeiden und neue Ansätze zu finden«. Männer und Frauen bräuchten einen offenen, experimentellen Austausch miteinander als Paar und mit anderen Paaren, um die für sie richtige Partnerschaftsform herauszubilden. Daher hält Rogers Paargruppen für wichtig bei der Selbsthilfe und Begleitung von Paaren, um experimentieren zu können, die für sie jeweils wahre Partnerschaft durch Praxis und Kommunikation herauszufinden. Wichtiger als den Sexualkundeunterricht in der Schule findet Rogers die »Erziehung zur Partnerschaft«, wobei zu lernen sei, wie Partner miteinander kommunizieren, wie sie Konflikte lösen, wie sie mit Grenzen und Tabus umgehen, wie sie Intimität und Sexualität gestalten wollen und sich darüber verständigen. ■

Paarbegleitung

Viele kirchliche Einrichtungen und Gemeinden führen schon seit vielen Jahrzehnten sogenannte »Kurse zur Ehevorbereitung« durch. In manchen katholischen Diözesen wird von den Paaren, die getraut werden wollen, vom Pfarrer eine Teilnahmebescheinigung an solchen Kursen verlangt und der schriftlichen Niederlegung des Brautexamens beigefügt. Viele dieser Kurse haben seit den fünfziger Jahren das Konzept nicht geändert, obwohl sich die Realität von Partnerschaft, Sexualität und Ehe seitdem nachhaltig verändert hat, worüber nicht nur Statistiken Auskunft geben. Oft wird eine Eintagesveranstaltung durchgeführt, bei der ein Pfarrer, ein Arzt und ein erfahrener Ehepartner aus ihrer Sicht über den theologischen und moralischen, den sexologischen und gynäkologischen sowie den alltäglichen Aspekt der Ehe informieren. Gelegentlich weist auch noch ein Jurist auf die rechtlichen Gesichtspunkte eines Ehevertrags hin.

Solche Veranstaltungen führen Paare in die Irre und an den tatsächlichen Problemen in den Bereichen der Kommunikation, der Konfliktbewältigung, der Ablösung von den Herkunftsfamilien, der Rollenverteilung und der Sexualitätsgestaltung vorbei. Darüber hinaus ist durch Untersuchungen erwiesen, daß kurze Lernphasen, die fast ausschließlich das Medium Wort (Vortrag und Gespräch) bevorzugen, einen Informationseffekt von höchstens dreißig Prozent aufweisen.

Ein verantwortungsvolles Konzept, das an die in den fünfziger Jahren begründete Praxis der Ehevorbereitung anschließt, muß heute folgende Qualitätsmerkmale aufweisen:

– Veranstaltung über mehrere Treffen, mindestens ein Wochenende;

– offenes Angebot für verheiratete und nicht verheiratete Paare ohne persönliche Wertung;

– überwiegende Übungs-, Selbsterfahrungs- und Gesprächselemente gegenüber Vortrag und Information;

– gemischtgeschlechtliches Leitungsteam mit einem klaren Beratungsansatz;

– sowie ein Kontext, in dem die Paare auch nach der Veranstaltung die Möglichkeit zum Zusammenschluß oder zu fortführender Bildungs- und Beratungsarbeit haben. ■

Verträge – nein danke?

Eine Selbstdarstellung

Das nach Auffassung einer Bevölkerungsmehrheit nur in einer heilen Familie erreichbare Glück wird sich immer seltener erfüllen, da die Menschen immer weniger bereit sind, sich lebenslang an eine Ehe zu binden. Mehr und mehr wird die Familie zu einer belanglosen Randerscheinung. In Großstädten wie München sind die Einpersonenhaushalte längst in der Mehrzahl. Weniger Heiraten, die Geburtsraten gehen zurück und die Abtreibungen steigen an. Die Partner von »Ehe ohne Trauschein« lehnen den rechtlichen Schutz des Staates nicht nur ab, sie wollen ihn auch nicht. Das kommt daher, daß heute sehr häufig bei einer Scheidung einer Ehe mit Trauschein einer der beiden Parteien ohne Erörterung der Schuldfrage zu Unterhaltsleistungen herangezogen wird, die ihm keinerlei wirtschaftliche Perspektiven für seine Zukunft übrig lassen.

Die erst 1977 erneuerten familienpolitischen Bestimmungen im BGB und die gesellschaftliche Wirklichkeit klaffen heute unerträglich weit auseinander. Die von Jahr zu Jahr sinkenden Heiratsziffern bezeugen unübersehbar, daß immer weniger junge Leute den staatlichen Gesetzen vertrauen. Der grundlegende Mangel der Gesetzesreform von 1977 besteht darin, daß eine auf sexuelle Freiheit und partnerschaftliche Libertinage bauende Politik die beinahe schon als altbacken betrachtete Institution Ehe mit fast unerträglichen Nachfolgelasten befrachtet hat. Deswegen ist die Ehe nach dem derzeitigen Rechtsstand leider nicht mehr empfehlenswert.

Der *Interessenverband Unterhalt und Familienrecht* (ISUV/VDU e. V.), der sich seit über 15 Jahren hauptsächlich für die Belange von Geschiedenen einsetzt, widmet sich auch seit einigen Jahren als anerkannter Interessenverband dem besonderen Anliegen der nichtehelichen Lebensgemeinschaften. Diejenigen, die sich für eine nichteheliche Lebensgemeinschaft entschieden haben, stehen eines Tages unter Umständen den nicht einfachen rechtlichen Problemen einer solchen Beziehung gegenüber. Nach einer Trennung sind die Partner hinsichtlich ihrer Ansprüche ohne rechtlichen Schutz und werden dann mit der schwierigen Situation leider nicht mehr fertig. Wenn beinahe 3 Mio. Bundesbürger ohne Trauschein zusammenleben und damit nahezu rechtlos gestellt sind, dann ist diese Situation sehr unbefriedigend.

Aus dem Gebot des Grundgesetzes über den besonderen Schutz von Ehe und Familie lassen sich keine Verpflichtungen ableiten, neue Formen des Zusammenlebens ohne rechtlichen Schutz zu lassen. Deswegen kann nur eine Vereinbarung die Partner einer solchen nichtehelichen Lebensgemeinschaft schützen. Mit ihr werden faire und damit auch haltbare Partnerschaften ermöglicht.

Der Interessenverband stellt diesen Partnerschaften rechtlich ausgefeilte Musterverträge zur Verfügung, die bei der entsprechenden notariellen Absicherung die untauglichen Gesetzesbestimmungen ergänzen sollen. Klare Regelungen bieten für eine Ehe ohne Trauschein eine gute Basis.

Die Empfehlung zum Abschluß eines solchen Partnervertrages ist deshalb auch kein Anlaß, das gegenseitige Vertrauen zu beeinträchtigen.

Faire und ausgewogene Verträge unter den Partnern sind kein Zeichen von Mißtrauen!

Im übrigen kann ein solcher Vertrag nur als Versuch verstanden werden, die Partnerschaft wenigstens in gewissem Umfange auch rechtlich abzusichern. Die Privilegien einer Ehe, beispielsweise der Vorteil des Steuersplittings, die hohen Freibeträge bei Erbschaften, der gemeinsame Ehename usw. bleiben dem frei zusammenlebenden Paar verwehrt. Trotzdem läßt sich in einem Partnerschaftsvertrag vieles Wichtige regeln wie beispielsweise Unterhalt, Vermögenszuwachs, Hausrat, Erbschaften, Alterssicherung usw. Damit ein solcher Vertrag in jedem Fall auch juristischen Bestand hat, sollte dieser bei einem Notar vereinbart werden. Als Beispiel dienen Vertragselemente über

Die Mietwohnung

Wenn zwei Partner einer eheähnlichen Lebensgemeinschaft zusammenziehen, können sie entweder gemeinsam eine Wohnung mieten oder ein Partner mietet die Wohnung und nimmt den anderen auf. Im ersten Fall erlangt jeder der beiden Partner eine rechtlich abgesicherte Position gegenüber dem Vermieter. Er haftet zugleich für alle Verpflichtungen in vollem Umfang.

Kein Partner kann den anderen gegen dessen Willen aus der Wohnung verdrängen. Wenn dies nicht im Mietvertrag ausdrücklich vorgesehen ist, kann eine Kündigung nur von beiden gemeinsam ausgesprochen werden oder kann nur gegenüber beiden gemeinsam gekündigt werden.

Im zweiten Fall hat der in die Wohnung des Partners aufgenommene andere Partner keine eigene mietrechtliche Position. Im Fall der Kündigung durch den Vermieter besitzt er keinen Mieterschutz. Spricht der Partner, der die Wohnung allein gemietet hat, selbst die Kündigung aus, kann sich der andere Partner dagegen nicht wehren und muß die Wohnung räumen.

Vertragsmuster

a) Herr XY ist Mieter einer Wohnung im Anwesen . . . in . . . Frau Z zieht am . . . in die von ihrem Partner angemietete Wohnung ein. Die Partner sind sich darüber einig, daß auch künftig nur Herr XY Mieter der vorgenannten Wohnung ist. Frau Z ist bewußt, daß sie aus diesem Mietverhältnis keine Rechte oder Pflichten hat.

Die Partner sind sich einig, daß sie sich intern die Mietkosten hälftig teilen, jedenfalls so lange, wie beide in dem bisherigen Umfang berufstätig bleiben. Sollten sie gemeinsam ein Kind bzw. Kinder haben und deswegen Frau Z aus dem Berufsleben ausscheiden, übernimmt Herr XY die volle Mietbelastung. Im Falle einer Trennung einigen sich die Partner dergestalt, daß die Partnerin unter Einhaltung einer Räumungsfrist von einem Monat auszieht. Das Räumungsverlangen bedarf der Schriftform.

oder

b) Herr XY und Frau Z schließen beide mit gleichen Rechten und Pflichten einen Mietvertrag über eine Wohnung im Anwesen . . . in . . . ab.

Trennen sich die Partner, so ist derjenige Teil verpflichtet, auszuziehen, der die Trennung betrieben hat. Im Gegenzug ist der andere Teil berechtigt, das Mietverhältnis alleine fortzuführen, vorausgesetzt der Mieter willigt ein.

oder

c) Herr XY ist bisher alleiniger Mieter der Wohnung in der . . . in . . . Herr XY und Frau Z kommen überein, daß Frau Z in das bestehende Mietverhältnis mit allen Rechten und Pflichten eintritt. Beide verpflichten sich, entsprechende Erklärungen gegenüber dem Vermieter abzugeben. Wenn sich die Partner trennen, erhält derjenige Partner die gemeinsam angemietete Wohnung, der die gemeinsamen Kinder betreut. Der die Kinder nicht betreuende Partner verzichtet ausdrücklich auf seine Rechte aus dem Mietvertrag. Der andere Partner nimmt diesen Verzicht an.

JSUV/VDU e. V.

Das Lieben

Das Lieben ist schön
Schöner als das Singen
Das Lieben hat zwei Personen
Das ist beim Lieben der Kummer

Heinar Kipphardt

Partnerschaft in Zahlen

Eheverhalten:
80 Prozent der Frauen vermissen nach wenigen Jahren jegliches Interesse des Mannes an ihrer Gedanken- und Gefühlswelt, am Gespräch zu zweit.

– Nach sechs Jahren Ehe sprechen die Partner durchschnittlich gerade noch neun Minuten pro Tag miteinander (in Österreich 7 Minuten).

– Nach sechs Jahren Ehe wollen nur noch 48 Prozent der Frauen ihren Mann wieder heiraten, aber 82 Prozent der Männer ihre Frau.

– 80 Prozent aller Scheidungen reichen Frauen ein.

– 30 Prozent der Frauen zwischen 30 und 40 Jahren bezeichnen sich als glücklich, 1972 waren es noch 39 Prozent.

Krisenpotential:
Das Krisenpotential aller Frau-Mann-Beziehungen (geschiedene, zerrüttete, getrennt lebende und jahrelang zerstrittene Partnerbindungen) liegt zwischen 70 und 75 Prozent.

– 33 Prozent lassen sich scheiden.

– 50 Prozent der Ehen über 18 Jahre Dauer werden geschieden.

– 30 Prozent aller Gewalttaten mit Todesfolgen werden durch Gatten/Lebensgefährten ausgeführt, 19 Prozent durch Verwandte.

– 50 Prozent bis 80 Prozent aller Selbstmorde sind die Folge von Liebeskummer.

– 60 Prozent aller Klienten an Beratungsstellen haben chronische Partnerprobleme.

Gewalt:

– 38 500 Straftaten geschehen jährlich wider die sexuelle Selbstbestimmung, nur ein Viertel davon wird überführt und verurteilt, 5919 davon sind Vergewaltigungen. 75 Prozent der Täter sind Deutsche. Wegen Vergewaltigung werden 1292 Männer und 7 Frauen verurteilt, zum größten Teil Angehörige der Mittelschicht.

– 20 Prozent der Opfer sind unter 18 Jahre, weitere 20 Prozent unter 21 Jahre, 75 Prozent sind nicht verheiratet, 90 Prozent waren Deutsche; nur 10 Prozent waren sozial auffällig. Dreiviertel der Opfer sind der Oberschicht zuzuordnen.

Sexualität:
– 97 Prozent der Heranwachsenden praktizieren voreheliche Sexualität. Künstliche Verhütung wird in 90 Prozent aller Ehen betrieben. Die Scheidungsquote liegt bei 33 Prozent, 70 Prozent der Geschiedenen heiraten wieder oder leben in eheähnlicher Beziehung.

Jüngere Frauen bekommen genauso leicht einen regelmäßigen Orgasmus wie Männer. Gerade diese jüngeren Frauen sind keineswegs treuer und monogamer, sondern überholen im »Fremdgehen« manchmal die Männer.

Der erste Geschlechtsverkehr wird heute durchschnittlich erst mit 16,6 Jahren vollzogen, vor zehn Jahren dagegen schon mit 15,3 Jahren. Entgegen allen Ehe-Komplikationen sind die Menschen in den letzten Jahren sexuell zufriedener geworden.

– Fast 90 Prozent aller Heranwachsenden leben voreheliche Sexualität, 83 Prozent der Mädchen haben den ersten Geschlechtsverkehr bis 18 Jahre, 97 Prozent dann bis 21 Jahre, aber das durchschnittliche Heiratsalter liegt bei 26 Jahren für Männer und 23 für Frauen, 90 Prozent der Frauen und 75 Prozent der Männer wünschen Partner mit sexueller Vorerfahrung, nur 12 Prozent der Frauen und Männer bleiben bei einem Partner, rund 30 Prozent haben bis zu fünf Partner. Weitere 20 Prozent haben bis zu 10 Partner, und noch einmal 20 Prozent haben bis zu 25 Sexualpartner. 70 Prozent aller Erwachsenen onanieren einmal oder öfter pro Woche.

– Zwei Drittel etwa aller Scheidungsfälle hatten auch Sexualprobleme.

– 56 Prozent aller Erwachsenen in den USA klagen über sexuelle Störungen.

– 70 Prozent aller Frauen erreichen nur schwer oder kaum einen Orgasmus.

– 80 Prozent der nach 1950 geborenen Frauen erreichen regelmäßig beim Koitus einen Orgasmus.

– Zu 75 Prozent überlappen sich Partnerschafts- und Sexualprobleme.

– Zu 70 Prozent wurden psychische Ursachen festgestellt als Grund für vorzeitigen Samenerguß bei Männern zwischen 18 und 35 Jahren.

Treue:

– 58 Prozent der Frauen und 70 Prozent der Männer in Deutschland sind ihrem Partner »untreu«.

– 66 Prozent aller Italienerinnen gehen fremd, jedoch nur 32 Prozent der Männer.

– 72 Prozent aller Verheirateten im deutschsprachigen Raum gehen mindestens einmal während der Ehe fremd.

– Jede achte Engländerin hatte eine Affäre mit einem verheirateten Mann.

– In 50 Prozent der amerikanischen Familien kommen Seitensprünge und heimliche Liebesbeziehungen vor.

»Die gezeigten Trends, wonach heute ebenso viele Frauen wie Männer, vor allem jüngere, außereheliche Beziehungen haben, widerlegen die These von der polygameren Natur des Mannes«.

Zweitehen:

– Bei ca. 35 Prozent aller Eheschließungen ist mindestens ein Geschiedener beteiligt.

– Zweitehen führen doppelt so oft zur Trennung, aber ausschließlich wegen der Stiefkinder an erster, wegen eines Stiefelternteils an zweiter Stelle.

Diese Zahlen über Eheverhalten, Krisenpotential und Gewalt in Liebesbeziehungen, Treue und Sexualität sind für viele Ausdruck eines moralischen Niedergangs, spiegeln aber in Wirklichkeit nur die Umbruchzeit, in der wir leben:

1. Frau und Mann lebten noch nie zeitlich, körperlich und seelisch so intensiv zusammen. Vielmehr verbrachten Frauen und Männer den überwiegenden Teil ihrer Zeit in geschlechtsspezifischen Gruppen, Ritualen und Arbeitswelten; Begegnung und Verschmelzung der Partner war auf kurze Zeit begrenzt.

2. Eine Ehe wurde vor einem Jahrhundert nach durchschnittlich 15 Jahren durch den Tod eines Partners beendet, heute erst nach 45 bis 50 Jahren; ein Arbeitstag hatte damals etwa 12, heute 8 Stunden: Zusammen ergibt dies etwa das Vier- bis Fünffache an Partnerzeit.

3. Nie hatten Frau und Mann soviel Freiheit, ihre Beziehungswünsche auszuleben.

4. Liebe statt Versorgung als Fundament der Ehe ist relativ neu.

5. Nur noch in Zeiten der Antike waren Frau und Mann gleichberechtigt.

6. Nie außer in unserem Jahrhundert war allen Erwachsenen die Ehe erlaubt, nie waren so viele Menschen verheiratet.

7. Nie zuvor war es für Frauen und Männer so selbstverständlich, Sexualität und Zeugung zu trennen.

Die meisten dieser Veränderungen vollzogen sich in nur 30 bis 40 Jahren, so schnell, daß eine Tradition von Bindungs- und Liebesfähigkeit, sexueller Freiheit und Gleichberechtigung noch gar nicht entwickelt und weitergegeben werden konnte.

Zusammenstellung und Anschlußtext entnommen aus: Michael Cöllen: Das Paar. Menschenbild und Therapie der Paarsynthese. München 1989

ZEITLUPE

Partnerschaft:
nicht Besitz

Partnerschaft:
nicht Herrschaft

Partnerschaft:
nicht Schattendasein

Partnerschaft:
die Freiheit
nicht verlieren

Partnerschaft:
die Gemeinschaft
gewinnen

Partnerschaft:
beziehungsweise
wachsen

Norbert Copray

Erbe einer Ehe

Uve Schmidt

Was tun Sie, wenn Sie sich einsam fühlen? wollte die Radiotante von den Hörern wissen und stellte das Studiotelefon auf Meldung. Drei der 5 Frauen unter 9 Anrufern bekannten sich nicht nur zu ihren schwachen Stunden, sie offenbarten, dem Trübsinn mit der Lyra beizukommen: Gedichte schrieben sie, wenn das Gefühl des Alleingelassenseins sich ihrer bemächtige. Wer hätte das gedacht! Zwar weiß ich, was bei deutschen Verlagen täglich in etwa eintrifft an unverlangten »Blaupausen der Seele« (*Benn*), doch von daher eine statistische Einschätzung bzw. Hochrechnung dieses unseres »Volksvermögens« (*Rühmkorf*) anzustellen, erschiene mir gewagt. Der Rundfunkbericht indes eröffnet, daß hausgemachte deutsche Lyrik doch nicht nur und nicht in erster Linie mit Blick auf öffentliche Anteilnahme und Anerkennung (Publikation) entsteht, sondern demnach auch und womöglich primär eine autotherapeutische Funktion hat.

Der verwundete Chronist, der schreibend genas

Die Ursprungsfrage »Was war zuerst da – die Wehmut oder die Elegie?« kann nur der Poet selbst beantworten; feststeht, daß auch Schriftsteller sich »Kummer von der Seele schreiben«, und daß mutmaßlich Millionen Mitbürger sich schreibend erleichtern: in Briefen, Tagebüchern, Schriftstellereien. Doch die Rede soll von mir sein, und deshalb muß interessieren, wie Schriftsteller es mit ihren privaten Nöten schriftstellerisch halten. Ich kenne etwa 200 deutsche Autoren persönlich, darunter etliche diesseits von Selbstmordversuchen, Männer und Frauen nach überstandenen lebensgefährlichen Erkrankungen, schweren Unfällen und schwersten Lebenskrisen unblutiger Natur, kenne die Suchtkranken, Homosexuellen, Ex-Knackis, kenne notorische Ehebrecher und hilflos Gehörnte. Folglich weiß ich in etwa, wie viele der Betroffenen sich zu ihren Problemen und Konflikten literarisch geäußert haben und in welcher Form. Fazit: Es ist nicht jedermanns Sache, coram publico »die Hosen runterzulassen«. Rücksichtnahme auf Beteiligte ist freilich nicht der einzige Grund für edle Zurückhaltung, vielmehr die Berücksichtigung ureigenster sozialer Interessen. Wer sich in Jahrzehnten eine treue Lesergemeinde und gesellschaftliche Reputation erarbeitet hat (na ja, es braucht noch einiges mehr, was nicht notwendig unter die Tugenden rechnet), wird sich begreiflicherweise hüten, plötzlich die »Sau rauszulassen«. Hingegen werden fast exhibitionistisch Strafregister und Krankengeschichten ausgebreitet, geradeso, als ob das Wirken des Himmels und der Hölle eine persönliche Errungenschaft wäre . . .

Ein besonderes Kapitel und Kriterium ist das desaströse Ende einer Ehe, wenn der Autor dabei – in realiter – eine schlechte Figur macht.

Eine ausnehmend schlechte Figur machte ich, als vor 12 Jahren mir die geliebte Gattin und Mutter meiner Kinder buchstäblich über Nacht abhanden kam, nach 15jähriger Gemeinschaft. Etwa am 12. Tag des Fiaskos begann ich mit dem (mehr oder weniger stilisierten) Protokoll der laufenden tragischen bis hochdramatischen Ereignisse, mitnichten eine professionelle Reaktion, sondern ein Verzweiflungsakt, der sich überdies der Aufforderung meiner Frau verdankte: »Schimpf' nich', grübel nich', schreib's auf!« Als ich gelegentlich beim Bier einem sehr vertrauten Verleger klagte, daß das Debakel mich sogar zum »Tagebuchverfasser« habe verkommen lassen, regte er die Fortsetzung und Ausformung der Niederschriften zum Buch an. Im Herbst 1978 erschien »Ende einer Ehe«; es wurde trotz distributärer Beschränkung auf den Versandhandel des Koproduzenten ein Bestseller und (weil man's zur Stunde noch kaufen kann) augenscheinlich ein kleiner Dauerumsatzträger. Diese Tatsachen ehren mich nicht, denn sie offenbaren nur ein mitteleuropäisches Dauerdesaster.

Natürlich gehe ich nicht davon aus, daß, wer auch immer »Ende einer Ehe« liest, auch nur annähernd ein Eheproblem hat. Voyeurismus ist gewiß ein häufiger und läßlicher Beweggrund, doch läßt mich das seinerzeitige Leserecho vermuten, in keinem diesbezüglich gebesserten Lande zu leben. Seither greift man/frau vorzugsweise zum Strohhalm der Sekundärliteratur und der Satire à la Eva Heller, Lebenshilfe, die zu jener meiner Zeit noch in den Filzpantoffeln steckte. Als sich »der Höllenschacht meines Herzens« (*Hauptmann* in »Buch der Leidenschaft«, dem Roman seines realen Ehebruchs) aufgetan hatte, öffneten sich mir die Abgründe und Wundkanäle anderer Seelen. Sogar zur späten Nacht riefen verzweifelte Frauen an (nur Frauen, und das ist schon deshalb bemerkenswert, weil die Geschichte ja aus männlicher Betroffenheit und einer keineswegs emanzipationsfreundlichen Perspektive erzählt wurde) und erwarteten Rat, Bestätigung und Trost. Die Männer schrieben Briefe (ohne publizistische Ambitionen), manche standen, weitgereist, plötzlich vor der Türe wie beim Notarzt: mit einem Drink war diesen Herren nicht gedient und nicht mit einer Widmung. Allen diesen Verzweifelten ging es überhaupt nicht (mehr) um mein Buch, bzw. um ein davon ausgehendes Gespräch, sondern um den autorisierten Ohrenzeugen ihres mentalen Aderlass.

Wir wissen, daß der Schwarzwaldklinik-Professor Brinkmann als *Klaus Jürgen Wussow* allen Ernstes in medizinischen Angelegenheiten konsultiert wurde, massenhaft, nicht nur von alten Dummköpfen, sondern von Leuten, die des Glaubens waren, der Schauspieler hätte sich in seiner Rolle ärztliche Kompetenz angeeignet. Gemäß ihrem Selbstverständnis gelten Schriftsteller häufig als Lebensberater; doch ist es nicht *Günter Grass*, den die besorgten Eltern eines wachstumsgestörten Knaben zu Hilfe rufen (obwohl ich's nicht ausschließe), sondern es war Sherlock Holmes, der noch lange nach dem Ableben *Conan Doyles* an seine fiktive Adresse internationale Post bekam von Menschen, die sich bedroht fühlten etc. Das heißt: Je trivialer eine Gestalt, eine Story, ein Stoff, um so mehr Aussicht besteht, daß Leser zu Klienten, Patienten, Konfitenten werden. Die *Courths-Mahler* und die *Marlitt* bekamen die täglichen Lesertränen waschkorbweise, die

Marlitt half sogar mit Bargeld. Mir half kein Flehen: In der FAZ wurde ich als »weinerlicher Pfau« verhöhnt, dem alles recht geschehen sei. Logo, denn mein Vorgehen war unverschämt; die Thematik barg insbesondere für männliche Rezensenten das Wagnis mißverständlicher Solidarität. Gleichwohl sprach sich mein Fall »draußen« herum, ich wurde eingeladen. Die Lesungen erwiesen sich mehrheitlich als ungetarnte Fallen, man wollte das Opfer kennenlernen, und so opferte sich der Autor seinen Zuhörern, denn was Frau *Knef* sich leisten kann (auf Großveranstaltungen über ihren Krebs zu plaudern), stand mir nicht an. Versuche, die Gastgeber zu betrügen, indem ich einfach andere Texte las, retteten mich nicht. Das Buch war gegenständlich im Raum und somit mein Unbehagen, gleichsam wie die Dame ohne Unterleib bestaunt, bedauert und beargwöhnt zu werden, und natürlich (?) war die ganze Chose überaus unanständig. Auch wenn zu meinen Füßen keine einzige reuige Ehebrecherin saß, so saß und las da kein bekennender Belletrist (der sich das ja auch überzeugend ausgedacht haben möchte), sondern einer, der die Stirn hatte und das dazu passende Geweih – kein stiller Schmerzensmann, sondern eine sarkastische Petze. Einmal entdeckte ich meine Schwiegermutter im dämmrigen Auditorium; sie applaudierte hernach herzlich und drückte mir DM 20,– in die Grußhand . . .

Meine Frau wurde von der Veröffentlichung nicht überrumpelt, es geschah mit ihrem widerwilligen Einverständnis. Später lobte sie das Buch, ausgenommen jene poetischen Passagen, in denen ich ihre Begegnungen mit dem Liebhaber »nachgezeichnet« hatte. Meinen Kindern wurden die Bücher nicht vorenthalten, sie lasen sie allerdings (nach eigenem Ermessen) unverhältnismäßig spät, faktisch erst als Großjährige. Obwohl ich in meiner Umgebung nicht dafür warb, hat's fast jeder gelesen, aber kaum einer sprach mich darauf persönlich an: Vertraulichkeit stiftet kein Vertrauen. So bleibt mir die Frage gestellt, welchen nichtkommerziellen Nutzen mir meine Entblößungen gebracht haben, und ob ich nach einer neuerlichen Lebenskatastrophe (das Scheitern einer Ehe kann es nicht sein) abermals mein wörtliches Heil im Bericht, in Reflexion, Analyse und Prognose suchen würde. Obwohl ich seit 1959 schreibe und publiziere, bin ich »der mit dem Ehebuch« – ein zweifelhafter Ruhm. Geläutert hat das Buch mich nicht, geläutert hat mich der Schmerz, der Verlust, das Versagen, kurz, das »richtige Leben«. Damals war es – the work in progress – überlebenswichtig, und wahrscheinlich ahnte ich, daß die beiden ersten Bände (der Trilogie; der 3. Band »Die Russen kommen« ist allerdings ein »echter« Fortsetzungsroman, d. h. Dichtung im Schlepptau der Wahrheit oder umgekehrt) es mir dereinst erleichtern oder gar ersparen, meinen Enkeln etwas erklären zu müssen, wenn ihre Großmutter mit dem schütteren Haupt wackelt und ich nichts mehr erklären kann. Voraussetzung für den autobiografischen und analytischen Beweiswert ist freilich das Zeugnis Beteiligter: Ja, so war's, da hat er nicht geflunkert.

Angesichts zeitgenössischer Politikermemoiren habe selbst ich, ein Zaungast der Macht, berechtigte Zweifel. Und ob des hochgeschätzten *Manfred Bielers* Kindheitserinnerungen (»Still wie die Nacht«) nichts als die lautere Wahrheit sind, weiß wohl nur er allein. Ob ich gegebenenfalls noch einmal mein Un-

Knatsch

»Ich halte es mit dir
nicht mehr aus«, sagte sie.
»Schau dich bloß an!«

»Hnn?« machte ich.

»Schau dich an! Hockst da
in dem gottverdammten Sessel!
Der Bauch hängt dir über die
Unterhose! Deine ganzen Hemden
sind voller Zigaretten-
löcher!
Alles was du tust, ist
dieses gottverdammte Bier
zu nuckeln, eine Flasche
nach der anderen! Was
hast du denn davon?«

»Der Schaden ist schon
angerichtet«, sagte ich.

»Was redest du denn da?«

»Kommt auf nichts an
und wir wissen, daß es
auf nichts ankommt, und
darauf kommt es an . . .«

»Du bist besoffen!«

»Komm, Baby, vertragen
wir uns. Es ist ganz
leicht . . .«

»Nicht für mich!« schrie
sie. »Nicht für
mich!«

Sie rannte ins Badezimmer
um sich zu schminken.
Ich stand auf und holte mir
noch ein Bier.
Ich saß wieder und hatte
gerade die Flasche am Mund
als sie herauskam.

»Heiliger Strohsack!« kreischte
sie. »Du bist zum Kotzen!«

Ich mußte lachen, verschluckte
mich und prustete einen Mundvoll
Bier aufs Unterhemd.

»Mein Gott!« sagte sie.
Dann knallte die Tür, und sie
war weg.

Ich sah die Tür an, den
Türknauf, doch
seltsamerweise
fühlte ich mich
überhaupt nicht
allein.
Verrückte Zufriedenheit;
und über die Dielen zu einer
alten Kommode mit einem
gesprungenen Spiegel zu gehen –
mich darin zu sehen, häßlich,
und über alles zu grinsen.

Das Entscheidende ist
wie gut man durchs
Feuer geht.

Charles Bukowski

[redacted]

glück vermarkten ließe? Es kommt auf das Unglück an; eine Hospitalprosa, wie sie der tapfere (und auch ansonsten als Erzähler ehrenwerte) *Horst Karaseck* (»Blutwäsche«) vorgelegt hat, wäre von mir nicht zu erwarten: In Krankheit liegt für mich kein Eros und am Sterben fehlt mir das Interesse.

Schreiben ist in jedem Falle ein Prozeß der Selbstfindung, egal, ob frau sich in das spezifische Gewicht eines Nils Holgersson einfühlt oder man aus dem Bauch der Kameliendame denkt. Es heißt, *Harriet Beecher-Stowe* habe mit ihrem »Onkel Tom« die Sklavenbefreiung herbeigeschrieben; sicher hat ihr mutiges Rührwerk die öffentliche Meinung maßgeblich beeinflußt. Ich habe mir meine Ehe nicht wieder herbeischreiben wollen und können; oder niemand redet uns Breslau heim; Literatur kann zutiefst reaktionär sein, aber nichts rückwirksam restaurieren. Das »Ende einer Ehe« war der Anfang eines neuen Lebens und ich der verwundete Chronist, der schreibend genas. Daß für ähnlich verwundete Leser mein Selbstzeugnis als Trostpflaster taugte, will ich hoffen . . . ■

Uve Schmidt, geboren 1939 in Wittenberg, Hochschule für bildende Künste in Berlin, Hospitant bei Vaou Stomps in Stierstadt, heute freier Schriftsteller und Publizist. Lebt in Frankfurt am Main.

Liebesgebot

Das sicherste Mittel,
Liebe zu mindern,
ist: Liebe gebieten.

Das sicherste Mittel,
Liebe zu mehren,
ist: Liebe erlauben.

Das sicherste Mittel,
Haß zu mehren,
ist: Haß verbieten.

Das sicherste Mittel,
Haß zu mindern,
ist: Haß erlauben.

Das Gebot der Liebe,
das Verbot des Hasses
verkennen das Sein.

Die Freigabe beider
im Ganzen des Werdens
sieht das Nein im Ja
und das Ja im Nein.

Theodor Weißenborn

Die Geburt der Partner

Ursula Tschirch

Die Kritik war massiv und kam in ihrer Vehemenz überraschend, Kritik an uns und an den Methoden. Die Spannung im Raum war, wie man so sagt, greifbar, und doch blieb ich ruhig, denn unser Team (eine Frau und zwei Männer) war wohlvorbereitet und erfahren in dieser Arbeit, insbesondere mit Paaren.

Ort der Gemeinsamkeit war ein Tagungshaus im Spessart, mitten im Wald, mit Blick auf das Dach einer Wallfahrtskirche.

Heile Welt, heile Natur, heile Partnerschaft?

Nein, ironisch (oder doch?) soll es nicht klingen. Aber die Frage stellt sich: Was bitte vermittele ich in einem Partnerschaftskurs, in einer unheilen Welt? Wie glaubhaft wider die Resignation bin ich, und was sind die Hoffnungen der teilnehmenden Paare?

Grundsätzlich sehe ich in Partnerschaften, ob in der Ehe oder in eheänlichen Gemeinschaften einen Ort, der die Grundbedürfnisse des Menschen nach Struktur und Form in einem sozialen Gefüge einerseits und nach Intimität, Vertrauen, Zärtlichkeit und Zusammengehörigkeit andererseits erfüllen kann. Dies kann der Ort emanzipatorischer Entwicklung sein, der – wenn überholte, tradierte Werte und Vorstellungen von Ehe überwunden werden hin zu Wahrhaftigkeit und Achtung gegenüber dem jeweiligen Partner – Auswirkungen haben kann auf das gesamte gesellschaftlich-menschliche Gefüge.

»Die Grundlage menschlichen Zusammenlebens ist eine zweifache und doch eine einzige – der Wunsch jedes Menschen, von den anderen als das bestätigt zu werden, was er ist oder sogar als das, was er werden kann; und die angeborene Fähigkeit des Menschen, seine Mitmenschen in dieser Weise zu bestätigen. Daß diese Fähigkeit so weitgehend brachliegt, macht die wahre Schwäche und Fragwürdigkeit der menschlichen Rasse aus: Wirkliche Menschlichkeit besteht nur dort, wo sich diese Fähigkeit entfaltet.« (*Martin Buber*)

Die Überwindung der Resignation ob dieser Aufgabe und Arbeit geschieht im Glauben an die Veränderbarkeit, die Lernfähigkeit, dem Wunsch nach Wachstum und Entwicklung des Menschen.

Die konkreten Anliegen, Hoffnungen und Wünsche der Teilnehmer, die wir zu Beginn des Kurses abfragen, sind selbstverständlich abhängig vom Alter der Beteiligten, der Dauer ihrer Partnerschaft sowie dem Status Ehepaar im rechtlichen Sinne oder einer nicht staatlich und/oder kirchlich legalisierten Partnerschaft.

Das Alter der Teilnehmer bewegt sich zwischen 22 und 38 Jahren, zwei Paare sind seit vier bzw. sechs Jahren verheiratet, drei Paare leben ein bzw. zwei Jahre in einer gemeinsamen Wohnung, die Partner und Partnerinnen der weiteren drei Paare wohnen teilweise noch bei den Eltern, im Studentenwohnheim bzw. in einer eigenen Wohnung. Alle Teilnehmer sind kinderlos. Abitur ist der Schulabschluß aller, ausgenommen bei einem Paar. Sechs Personen studieren noch (Theologie, Pädagogik, Sozialarbeit, Biologie), die anderen befinden sich mit oder ohne Studium gut positioniert im Berufsleben (Mathematiker, Informatiker, Betriebswirt, höhere Banklaufbahn). Eine arbeitslose Verkäuferin ist die Ausnahme von der Regel bürgerlich-akademischer Karrieren.

Sechs der Teilnehmer haben schon Kenntnisse in und aus Selbsterfahrungsseminaren, für die anderen ist dieser Kurs und unsere Arbeitsweise ungewisses Neuland. Die »zufriedensten« Teilnehmer, d. h. die positivsten Rückmeldungen kommen von den bereits länger verheirateten bzw. miteinander lebenden Paaren. Sie empfinden – wie sie es ausdrücken – viel Dankbarkeit für den Ablauf des Seminars und die daraus resultierenden Impulse und neuen Erkenntnisse zur Bereicherung ihrer Partnerschaft.

Die massivste Kritik kommt von den kurz vor der Hochzeit stehenden Paaren, die noch nicht in einem gemeinsamen Haushalt leben, doch dabei sind, einen solchen einzurichten. Bei ihnen herrscht am ehesten das Bewußtsein des sogenannten »glücklichen Paares« (*Schellenbaum*) vor. Sie reagieren zornig auf Übungen, die ihre Intimität und sozialen Verhaltensweisen scheinbar öffentlich machen.

Für mich stellt sich hier die Frage, ob Partnerschaftskurse sozusagen präventiv eingesetzt werden können, oder ob erst ein gewisses Erfahrungspotential gegeben sein muß, um für *neue* Erfahrungen bereit zu sein.

Dennoch bleibt ein gemeinsamer Nenner: der Wunsch, den Widerspruch von emanzipatorischem Bedürfnis einer/ihrer Beziehung zu vereinen mit dem gleichzeitigen Wunsch nach Sicherheit und dem alleinigen Besitz des Partner, der Partnerin.

Und hier beginnt die Kunst, die Arbeit an und für Partnerschaft. Unser Konzept basiert im wesentlichen auf der Philosophie der Humanistischen Psychologie. In Anwendung kommen humanistische Konzepte der Gestalttherapie, der Transaktionsanalyse, verschiedene Formen des Kommunikationstrainings, Psychodrama und bioenergetische Übungen. Die Informationen und Übungen, die wechselweise als Partner-, Einzel- und Gruppenarbeit durchgeführt werden, lassen die Teilnehmer schnell erkennen, daß ihre geheime Hoffnung auf erprobte »Partnerschaftsrezepte« nicht erfüllt werden kann.

Themenzentrierte Vorgaben wie beispielsweise: Umgang mit der Zeit, Kommunikationsfallen und Mißverständnisse, Umgang mit Sprache im Bereich der Inhalts- und Beziehungsebene, Wünsche und Bedürfnisse in bezug auf Partnerschaft, Befindlichkeit im Umgang mit eigener und fremder Körperlichkeit, bringen nicht nur Aha-Erlebnisse, sondern können diffuse oder konkrete Ängste und Unsicherheiten auslösen oder Aggressionen erzeugen. Die Inhalte treffen die Teilnehmer, und in ihrer Betroffenheit wird Unmut laut oder es verschlägt ihnen die Sprache, lösen sich Harmoniegefühle auf, werden die Paare aus dem Schutz ihrer Zweisamkeit gerissen, was sie

verstärkt die Notwendigkeit ihrer ureigensten Verantwortung für sich und die Gemeinschaft erkennen läßt. Die Wahrnehmung von kindlichen Schutzbedürfnissen im Wechsel mit Bemutterungs- oder Bevaterungstendenzen zeigen deutlich die Diskrepanz zur emanzipatorischen Beziehung auf, in der verstärkt Achtung für und Vertrauen in den Partner, aber vor allem auch in und für sich selbst notwendig werden. Die Erkenntnis, daß Konflikte in einer Partnerschaft unvermeidlich sein werden, daß sie jedoch nicht zu deren Beendigung, sondern zu einer Bereicherung, zu einer Weiterentwicklung führen können, scheint für die meisten Teilnehmer vorab nur ein schwacher Trost.

Da setzt nun auch die eingangs erwähnte Kritik der Teilnehmer an. Da sie in der Hoffnung kamen, die Bestätigung zu erhalten, daß, liebten sie sich nur ausreichend, »alles gutgehen« würde, mußte sie die Problematisierung der Partnerschaft als solche zwangsläufig aufbringen.

Natürlich tauchen Mißverständnisse auf, etwa, wir würden das »junge Glück« bagatellisieren, würden professionell und überlegen dirigieren, würden Elternfunktionen ausüben, gegen die es in Opposition zu treten gilt.

In der Tat bin ich 15–20 Jahre älter als die Teilnehmer und habe eine zwanzigjährige Ehepraxis, das heißt, neben meiner beruflichen Ausbildung besteht auch ein gewisser Erfahrens- und Entwicklungsvorsprung. Deshalb gilt es für mich immer wieder, mir meiner inneren Haltung bewußt zu sein, um vor allem mögliche resignative Momente wahrzunehmen, meine »historische« Überlegenheit in Frage zu stellen und die Teilnehmer nicht an meinen Erfahrungen zu messen.

Es ist Unsinn
sagt die Vernunft
Es ist was es ist
sagt die Liebe

Es ist Unglück
sagt die Berechnung
Es ist nichts als
Schmerz
sagt die Angst
Es ist aussichtslos
sagt die Einsicht
Es ist was es ist
sagt die Liebe

Es ist lächerlich
sagt der Stolz
Es ist leichtsinnig
sagt die Vorsicht
Es ist unmöglich
sagt die Erfahrung
Es ist was es ist
sagt die Liebe

Erich Fried

Nun, Mißverständnisse können geklärt werden, die Kritik jedoch ist ein Barometer für die Möglichkeiten und Grenzen eines solchen Kurses. Die Chancen, innerhalb eines Wochenendkurses konkrete Veränderungen anzuregen, sind so direkt nicht gegeben (entgegen der geäußerten Erwartungshaltung der Paare). Dafür wird ein positiver Kommunikationsprozeß eingeleitet, der im Laufe der Zeit (der Jahre) dem persönlichen und dem gemeinsamen Wachstums- und Entwicklungswunsch Rechnung tragen kann.

Daß dies nicht angst- und konfliktfrei vonstatten gehen wird, und daraus entstehende Krisen die Gemeinschaft auch in Frage stellen, gehört zur privaten und gesellschaftlichen Reifung. Der Gewinn ist eine lebendige Partnerschaft, bewußtes Leben, persönliches und gemeinsames Wachstum, die Reduzierung von Schuldgefühlen und Schuldzuweisungen, vor allem aber die stetige Verminderung von Unterdrückung bis hin zu deren Abschaffung im Namen der Liebe. ■

Ursula Tschirch, geboren 1949, Diplompädagogin, Gestalttherapeutin und Sozialarbeiterin. Lebt in Frankfurt am Main.

Ohne Partnerschaft keine Liebe

Norbert Kluge

Die Daten der Statistik zeigen an: In der Bundesrepublik Deutschland wird jede dritte Ehe geschieden, immer mehr Eheleute vereinbaren kurz- oder langfristig eine Trennung, die Zahl derer, die auf den Trauschein verzichten, steigt rapide. Ich wiederhole die in diesem Zusammenhang häufig gestellte Frage: Steckt die Ehe in einer Krise, deren Ende nicht absehbar ist? Romantische Liebesgefühle allein erwiesen sich schon immer für eine lebenslange Bindung als wenig tragfähig. Erst die nüchterne Betrachtung von Liebe in der Abhängigkeit geglückten partnerschaftlichen Zusammenlebens eröffnet den Blick für das Verständnis und die Entwicklung von Lebensgemeinschaften in den aufgeklärten Industriegesellschaften.

»Der nüchterne Blick hilft«

Wenn das Wort »Partnerschaft« im Zusammenhang mit zwischenmenschlichen Lebensformen verwendet wird, so wird unterstellt, daß z. B. in der Zweierbeziehung jeder als Person gleichwertig anerkannt wird und auch gleichberechtigt seinen Teil zum Gelingen des Umgangs miteinander beiträgt. Eine solche Sichtweise des Partners setzt voraus, daß bei homo- und heterosexuellen Paaren der andere in seiner Menschenwürde stets geachtet und Verantwortung für ihn mitübernommen wird. In den an den Werten und Normen der Mittelschicht orientierten Lebensgemeinschaften nehmen in den letzten Jahrzehnten zwischenmenschliche Grundprinzipien einen höheren Rang ein als ökonomische und sexuell-reproduktive Zielsetzungen. Sexualität wird inzwischen als ein Bestandteil von Partnerschaft in Liebe verstanden. Grundvoraussetzungen für eine gelungene Partnerschaft in Liebe sind:

– Bejahung der geliebten Person in ihrer Ganzheit und Unverwechselbarkeit und deren Achtung als Subjekt, die eine Inanspruchnahme außerhalb der Beziehung liegender Interessen, z. B. aus egoistischen Beweggründen, ausschließt.

– Respektieren der Andersartigkeit des Partners und nach Möglichkeit ihre Förderung mit dem Ziel einer dynamischen Gestaltung der Beziehung.

– Einfühlen in die Denk- und Handlungsweise des anderen und die Einbeziehung der erwarteten Reaktionen des Gegenübers in die eigenen Handlungskonzepte.

– Bereitschaft, jedwede zwischenmenschlichen Probleme (Konflikte, Krisen) mit dem Partner zu besprechen sowie nach fairen Lösungen gemeinsam zu suchen.

– Einstellungen wie beispielsweise: das häufige Sprechen miteinander, für den anderen dasein, sich von ihm angenommen wissen, ihm rückhaltlos vertrauen, bis erste Enttäuschungen dies verbieten, sich ihm ausschließlich (exklusiv) zuwenden.

Die gelebte Partnerschaft ist die Ausgangsbasis für die Gestaltungsform der Liebe in der Zweierbeziehung. Eine solche Beziehung geht man in der Regel freiwillig ein. Sie wird so lange aufrechterhalten, solange beide Partner den obengenannten Normen und Verhaltensmustern entsprechen. Vor allem sind es die jungen Frauen, die im Gefolge des emanzipatorischen Zeitgeistes Verhaltensdefizite ihrer Partner beim Namen nennen und schließlich eine Änderung von Grundeinstellungen erwarten. Wie bedeutsam ihnen eine gleichberechtigte Mitsprache und das Akzeptieren gewisser Grundregeln in der Zweierbeziehung erscheint, erhellt die Tatsache, daß sie sich eher zu Trennung oder Scheidung durchringen als sich den willkürlichen Machtansprüchen des Partners unterzuordnen.

»Vor allem sind es die jungen Frauen, die im Gefolge des emanzipatorischen Zeitgeistes eine Änderung von Grundeinstellungen erwarten.«

Die junge Generation ist zudem nicht länger bereit, ihr Handeln von den überkommenen Geschlechtsrollenstereotypen abhängig zu machen. So wehren sich in zunehmendem Maße Mädchen und Frauen dagegen, die Pflichten und Mühen des Haushalts allein zu übernehmen. In der beruflichen Arbeit außerhalb der Familie sehen sie eine wesentliche Voraussetzung, ihr eigenes Leben zu gestalten, das sich auch durchaus an sozialen Tugenden zu orientieren vermag. Für die Jungen und Männer vollzieht sich dieser Rollenwandel nicht ohne Schwierigkeiten und Krisen, da sie nunmehr gehalten sind, sich von den Privilegien, die ihnen die Gesellschaft aufgrund ihres Geschlechts zugestanden hat, freiwillig Abstand zu nehmen. Häusliche Arbeiten wie Geschirrspülen, Kochen, Putzen, Wäschwaschen werden ihnen ebenso abverlangt wie die Versorgung und Erziehung der Kinder anteilweise zugemutet. Je früher jedoch von beiden Partnern ein »offenes« Rollenkonzept akzeptiert wird und je häufiger sie die gleichberechtigten Anliegen des anderen handelnd unterstützen, desto eher kann eine Zweierbeziehung gelingen und fortbestehen. Um so mehr ergibt sich auch die Möglichkeit, dem einzelnen Gefühle der Geborgenheit und des Glücks zu vermitteln.

Gelebte Partnerschaft wird heute zur Grundbedingung des gemeinsamen Zusammenlebens, insbesondere in der intimen Zweierbeziehung. Liebe, Partnerschaft und Sexualität in jeder Lebensform bleiben aufeinander bezogen und orientieren sich unter anderen an folgenden Maßgaben:

– Ernstnahme des anderen in seiner Individualität;

– Beachtung des zwischenmenschlichen Kontaktgeschehens;

– Aufgabe der Subjekt-Objekt-Beziehung zugunsten der primären Einstellungen eines Subjekt-Subjekt-Verhältnisses;

– Ansprüche auf Gleichstellung in der Aufgabenverteilung erfüllen;

– Überwindung verkrusteter Verhaltensmuster und überholter Geschlechtsrollenstereotypen;

– Bereitschaft, Unstimmigkeiten und Konflikte mit der Absicht auszutragen, um zu einer fairen, d. h. von beiden Teilen zu akzeptierenden Lösung zu gelangen;

– Geliebt werden in der Beziehung setzt voraus: eigene Aktivitäten des Liebens und ein gesundes Gefühl der Selbstachtung, das freilich der steten Kontrolle bedarf, um einer eventuellen Selbstüberschätzung vorzubeugen.

Mit diesen Einzelaspekten ist sicherlich noch kein Patentrezept für die intimsten und intensivsten Formen unseres Zusammenlebens gefunden. Sie können aber als Orientierungspunkte dienen, damit eheliche und andere Lebensgemeinschaften mit weniger Illusionen begonnen und möglichst lange gelebt werden können, nicht zuletzt zum Vorteil eines jeden einzelnen und unserer Gesellschaft. ■

Professor Dr. Norbert Kluge hat an der Erziehungswissenschaftlichen Hochschule, Abteilung Landau, einen Lehrstuhl für Pädagogik. Dort ist er auch Co-Leiter der ersten Europäischen »Forschungsstelle für Sexualwissenschaft und Sexualpädagogik«. Zudem ist er Vorsitzender der »Deutschen Gesellschaft für Geschlechtserziehung e.V. Bonn«.

ZEITLUPE

Intime Räume

Charlotte und Howard Clinebell

Vom Wachstum der Partnerschaft

Viele Paare werden überrascht und angeregt, wenn sie entdecken, daß Intimität einem Instrument mit vielen Saiten gleicht. Es gibt ja mehr Bereiche, in denen kreative Intimität wachsen kann, als viele Paare auch nur ahnen. Die Musik, die Ehepartner zusammen machen, entsteht, indem sie eine Vielfalt von Saiten zusammen erklingen lassen. Jedes Paar sollte danach streben, die besondere Harmonie und Melodie ihrer vertrauten Gemeinschaft zu entdecken, die für sie beide am beglückendsten ist. Ihr Musikstil wird in den verschiedenen Zeiträumen ihrer Ehe variieren. Und manchmal wird die Musik durch Stille oder Disharmonie unterbrochen sein.

Die meisten Paare, die sich ernstlich bemühen, können intime Vertrautheit in verschiedenen Bereichen ihrer Beziehung erlangen. Einige der bedeutenderen Möglichkeiten ehelicher Intimität sind folgende:

Sexuelle Intimität bedeutet für viele Paare die Achse, um die herum sich andere Formen von Intimität gruppieren. Die eheliche Beziehung sorgt für den bestmöglichen Rahmen, die Mischung sinnlich-emotionaler Beglückungen zu entwickeln, die Sex in seinem besten Sinne bedeutet. Sexuelle Intimität bedeutet mehr als die Vereinigung sexueller Organe, mehr als die gegenseitige sinnliche Erregung beider Partner, mehr auch als die gegenseitige Befriedigung im Orgasmus. Sie ist die Erfahrung, sich mitzuteilen und sich selbst dranzugeben in der Verschmelzung zweier Personen, so wie es der biblische Ausdruck sagt: »Sie werden sein ein Fleisch«.

Emotionale Intimität bedeutet, daß man wichtige Sinnwelten und Gefühle, die man im Innersten findet, auch miteinander teilt, daß sich das innerste Selbst zweier Menschen berührt. Emotionale Intimität ist die Grundlage aller anderen Formen von Intimität. Bei Paaren, deren Gedankenwelten sich teilweise dekken, stimmen sich die Wellenlängen im Gefühlsbereich aufeinander ein; so erspüren sie oft, was der andere fühlt, lange bevor ein Wort fällt. Bei einigen Paaren scheinen sogar Verbindungen zwischen den Träumen zu bestehen.

Intellektuelle Intimität ist die Nähe, die daraus resultiert, daß man die Welt der Ideen miteinander teilt. *Oliver Wendell Holmes* stellte einmal fest: »Wenn der Geist eines Menschen einmal durch eine neue Idee erweitert worden ist, kann er sich niemals wieder in seine vorherigen Grenzen zurückziehen.« Erfahrungen zu teilen, die den Horizont erweitern – ein wichtiges Buch zu lesen, sich mit einem Thema zu beschäftigen, das beide betrifft, eine anregende Lektüre miteinander zu diskutieren –, all das kann eine besondere Art Intimität hervorbringen. Eine echte geistige Begegnung muß stattfinden, die sich auf gegenseitigen Respekt vor den intellektuellen Fähigkeiten des anderen gründet. Für Paare, deren Erziehungshintergrund große Verschiedenheit aufweist, ist es manchmal recht schwierig, intellektuelle Intimität zu erreichen.

Ästhetische Intimität ist das gemeinsame tiefe Erleben von Schönheit. Ein Paar ist sich vielleicht besonders nah, wenn sie beide dicht beieinander sich entspannen und der Stereoapparat die bewegenden Melodien einer herrlichen Sinfonie spielt. Ein anderes Paar teilt das Entzücken an der Schönheit der Natur, an dem Sonnenglanz auf Wogenkämmen, an einer Gruppe von Mammutbäumen, an der Gewalt eines Sturms im Gebirge, an dem Frieden eines Berghangs bei Sonnenuntergang. Andere wieder finden es in der großen Kunst. Vom Kelch der Schönheit, die für alle da ist, zu trinken, wo auch immer man sie findet, ist für viele Paare ein geradezu religiöses Einheitserlebnis.

Schöpferische Intimität ist die Vertrautheit, die sich aus gemeinsamer Kreativität bildet. Kinder zu zeugen und großzuziehen ist ein Tun, das viele Formen von Kreativität enthält, biologischer, emotionaler, sozialer und geistiger Art. Die mittleren Lebensjahre, in denen zeugende Fähigkeit die Hauptaufgabe des Ich ist, stellen eine Periode gemeinsamer Kreativität dar, während der die beiden ihre Fähigkeiten und ihre Persönlichkeit vereinigen und neues Leben hervorbringen untereinander und in Familie und Gemeinschaft. Oft ist schöpferische Intimität verbunden mit ästhetischer Gemeinschaft, indem etwas gemeinsam Geschaffenes ein Stück Schönheit ist – ein Garten, ein Haus, gemeinsames Musizieren, ein Gemälde. Schöpferische eheliche Gemeinschaft ist im Grunde das Erlebnis, einander wachsen zu helfen – dem anderen Mit-Schöpfer (nicht Reformer) zu sein; beiden ist es wichtig, sich gegenseitig die Herzensbedürfnisse zu erfüllen, damit beide die Möglichkeiten, die in ihrer Persönlichkeit schlummern, verwirklichen können. *Ross Snyder* erklärt: »Eine Ehe ist nicht einfach nur eine persönliche Beziehung zweier Leute, die sich zugetan sind; sie ist ein kühner Schritt in lebenslanges gemeinsames Wachsen hinein.«

Spielerische Intimität mag für Jungverheiratete gleichbedeutend sein mit sexueller Intimität. Nach und nach erweitert sich aber das Muster des Spiels und schließt andere Betätigungen ein. Vertrautes gemeinsames Spiel ist für die geistige Gesundheit der Partner notwendig, es füllt die Energiequellen auf und erlaubt dem Kind in uns, um mit *Eric Berne* zu sprechen, die Persönlichkeit durch Spiel zu verjüngen, das vom Streß befreit.

Intimität in der Arbeit entsteht dadurch, daß man auf vielen Gebieten Aufgaben gemeinsam anpackt, wie Haushalt führen, Kinder großziehen, den Lebensunterhalt verdienen und sich an gesellschaftlichen Aufgaben beteiligen. Ehepartner sehen sich vielen gemeinsamen Problemen gegenüber, zu deren Bewältigung sie ihre Kräfte vereinigen und wobei einer dem andern hilft, Verantwortung und Lasten zu tragen. In arbeitsorientierten Ehen ist diese Art Intimität einer der Hauptwege, einander nahezukommen. Intime gemeinsame Arbeit benötigt einen Ausgleich durch andere Formen der Intimität, besonders durch Spiel. Die gemeinsame Genugtuung darüber, relativ kleine Vorhaben, wie die Renovierung eines Hobbyraumes, erreicht zu haben, anderseits aber auch die weitgesteckten Ziele, den Start der Kinder in ihren Ehen und Berufen zu sehen, das bringt

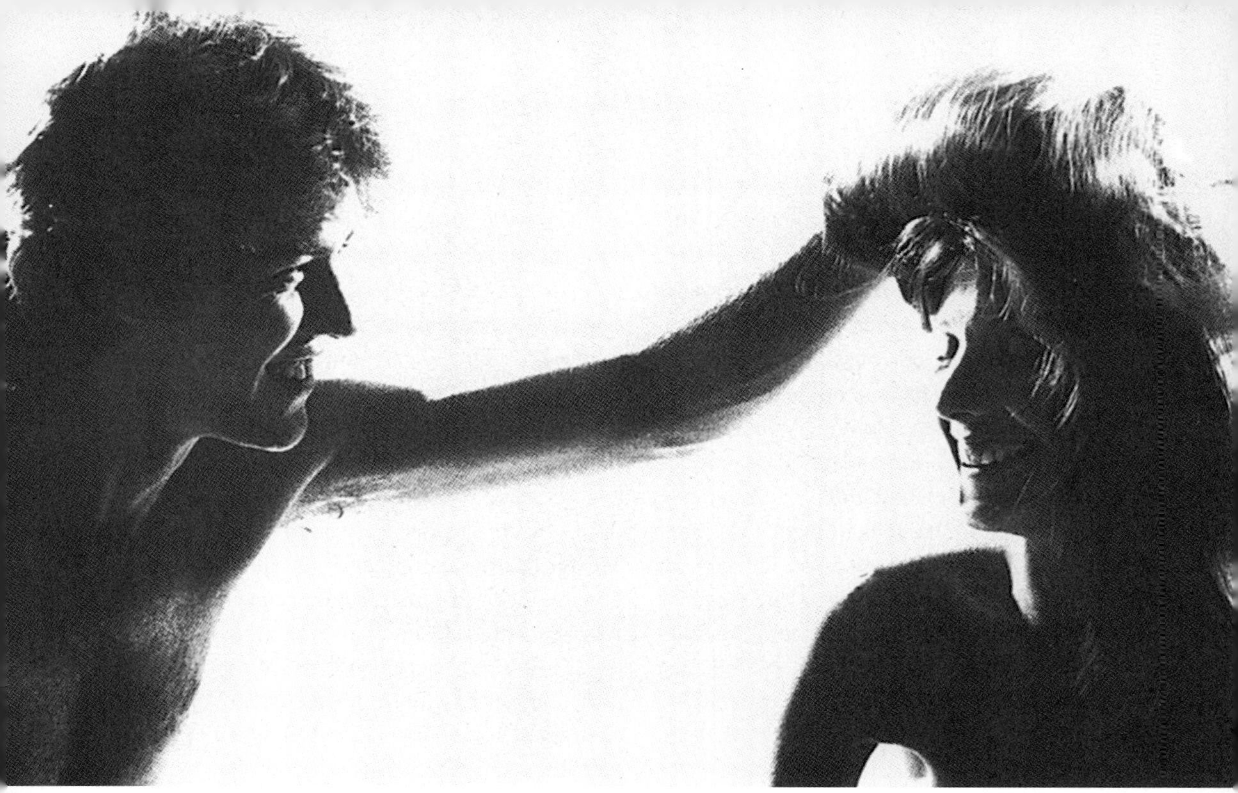

Das Schönste

Ich flüchte
in dein Zauberzelt
Liebe

im atmenden Wald
wo Grasspitzen
sich verneigen

weil
es nicht Schöneres
gibt

Rose Ausländer

die Arbeit im Team mit sich. Aber schon die Tatsache, daß beide ihre Hände in gemeinsamen Aufgaben vereinen, kann vertiefend auf eine Ehe wirken; die Verbundenheit durch das Gefühl, eine Arbeit gut hingekriegt zu haben, ist ein zusätzlicher Gewinn der Vertrautheit in der Arbeit.

Intimität in Krisen ist die Kraft, die davon herrührt, daß man gegen die Schläge des Schicksals zusammensteht; daß man zusammenhält in den größeren und kleineren Kümmernissen, die sich wie Fäden in einem Gewebe durch das Familienleben hinziehen. Dazu gehören auch die Zeiten innerer Prüfungen, wenn eine Krise in der Ehe selbst auftritt, weil die sich wandelnden Umstände und die Schwierigkeiten beim Älterwerden das Verhältnis eine Zeitlang aus der Balance bringen. Diese besondere Form der Vertrautheit in Krisen, die davon herrührt, daß man Meinungsverschiedenheiten ins Gesicht sieht und sich mit ihnen auseinandersetzt, könnte man auch »Intimität im Streit« nennen. Wenn man es jahraus, jahrein erfolgreich mit den Bedrohungen innerer und äußerer Krisen aufnimmt, trägt das dazu bei, die ehelichen Bande zu stärken. Zwei Eheleute sagten, nachdem der Mann einen beinahe tragisch verlaufenen Autounfall und anschließenden sechsmonatigen Krankenhausaufenthalt überstanden hatte: »Während es sich abspielte, war es die Hölle, aber es hat die Liebe zum Leben und zueinander in uns erneuert.«

Intimität im Engagement ist das tiefe Gefühl fortdauernder Vertrautheit, das sich in einer Ehe entwickelt, in der man sich gemeinsam einem Wert oder Ziel widmet, das über den Familienbereich hinausgeht und das beide Partner für wert halten, sich dafür einzusetzen. Beschlagnahmt zu sein von einer Sache, die im allgemeinen Interesse liegt und die Begeisterung und Überzeugung weckt, das schafft ein mächtiges Band in der Ehe.

Geistige Vertrautheit ist die Nähe, die sich entwickelt, wenn Partner durch Gemeinsamkeit in Fragen der letzten Dinge, des Sinns des Lebens (für beide), ihres Verhältnisses zum Universum und zu Gott gemeinsame Sache machen. Vielen Menschen gibt das Gefühl einer Verwandtschaft im Ewigen eine feste Grundlage für vergängliche menschliche Beziehung. Oft fördert die Teilnahme am Leben einer Kirche oder Synagoge und an dem Jahrhunderte überspannenden Erbe der religiösen Tradition eines Paares die Entwicklung geistiger Vertrautheit. ■

Charlotte H. Clinebell ist Psychologin und in den USA in der Ehe- und Familienberatung führend tätig. Howard J. Clinebell jun. ist Professor für Pastoraltheologie. Der Text ist ihrem vergriffenen Buch »Ehe intim«, München 1974, entnommen.

ZEITLUPE

Angst vor Intimität?

Judith Sills

Die Angst vor Intimität hat fünf Gesichter, die alle im Verlauf der Liebeswerbung für Sie oder Ihren Partner zum Problem werden können:

● *Angst vor Ablehnung:* Eine starke Angst, die sie daran hindert, einem Menschen Ihr Interesse an ihm zu zeigen, die Gefühle, die Sie zu ihm hinziehen, weil Sie befürchten, sie könnten nicht erwidert werden. Sie sind sehr selbstkritisch und neigen dazu, mehr in Phantasien als in Beziehungen zu leben.

Was Vertrauen blockiert

● *Sexualängste:* Verlegenheit, Unbehagen oder extreme Hemmungen gegenüber der Sexualität beziehungsweise dem, was sich aus ihr entwickelt. Diese Gefühle führen dazu, daß Sie mögliche sexuelle Beziehungen meiden. Am Ende sind Sie mit allen gut befreundet, aber für keinen der Liebhaber, für niemanden die Geliebte.

● *Furcht vor der Falle:* Eine Zweifelskrise, die immer dann aufzutreten scheint, wenn sich eine Liebesbeziehung festigt. Offenbar können Sie nichts dagegen tun. Plötzlich sind Sie entsetzlich pingelig und entdecken an Ihrem Partner, für den Sie den ganzen Monat zuvor geschwärmt haben, lauter Schwächen. So reiht sich eine kurze Affäre an die andere, und an allen scheint irgend etwas nicht zu stimmen.

● *Das Wuttabu:* Die Furcht, sich den normalen Konflikten einer enger werdenden Beziehung zu stellen. Sie sind um eine glatte Oberfläche bemüht und versuchen, alle unerfreulichen Gefühle unter den Teppich zu kehren, indem Sie sie verleugnen oder ignorieren. Sie wechseln das Thema, nehmen jeglicher Kritik die Spitze, stürzen sich in die Arbeit, tun alles, um die Auseinandersetzung über Probleme zu vermeiden, die Ihre Beziehung stören. Ihr Partner hat es schwer, Ihnen nahe zu kommen.

● *Bindungsangst:* Die Panik oder Lähmung, die sich einstellen kann, wenn Sie sich mit der Frage einer möglichen Heirat konfrontiert sehen. Mit Ihrer Partnerwahl sind Sie relativ zufrieden, aber der Gedanke zu heiraten ist Ihnen ein Graus. Sie haben das Gefühl, Sie sind noch nicht bereit, sind sich noch nicht sicher. Sie ärgern sich darüber, daß man Sie unter Druck setzt, aber aus eigenem Antrieb kommen Sie keinen Schritt voran.

Jede Version der Angst vor Intimität kommt in allen Stadien der Liebeswerbung vor. Wenn Sie beispielsweise große Scheu vor einer Bindung haben, wird dieses Gefühl Sie schon bei der ersten Verabredung ein bißchen stören. In einem viel späteren Kapitel Ihrer Liebesgeschichte wird es jedoch für Sie zu einem schwerwiegenden Problem.

Im folgenden Überblick ist jede dieser Ängste jeweils dem Stadium zugeordnet, in dem sie die stärkste Wirkung entfaltet. Das bedeutet nicht, daß sie in den anderen Stadien verschwindet, aber sie wird sich ein wenig legen. Hier die Zuordnung:

- Angst vor Ablehnung hemmt Sie am stärksten im Stadium der Wahl.
- Sexualängste wirken sich am nachhaltigsten auf das Ergebnis der Verführungsphase aus.
- Furcht vor der Falle ist die eigentliche Ursache des Umschwungs.
- Das Wuttabu beeinträchtigt Ihre Fähigkeit, mit der Verhandlung zurechtzukommen.
- Bindungsangst erschwert den Übergang vom Beziehungsstadium zur festen Bindung oder Ehe. ■

Wenn nur noch Haut zwischen uns ist

Wolfgang Bartholomäus

Meine liebe Frau!

Seit einer Woche bin ich nun schon wieder hier in Wien, weit weg von Dir. Es ist zwar nicht das erste Mal, daß wir längere Zeit voneinander getrennt sein werden, seit wir uns lieben gelernt haben und zusammenleben. Doch ich empfinde das gegenwärtige Alleinsein recht intensiv. Vielleicht hat das mit der Art unseres Abschieds zu tun.

Es ist seltsam: Was Menschen einander bedeuten, scheint ihnen erst aufzugehen, wenn ihr alltägliches Zusammensein unterbrochen wird. Im Alltag des gemeinsamen Lebens ist vieles Schöne so selbstverständlich und gewöhnlich, daß es kaum noch bemerkt wird – und erst die Unterbrechung zeigt, wie sehr es gleichwohl ein außergewöhnliches und unverdientes Geschenk bedeutet. Wo ich dies schreibe, fällt mir ein Gleichnis ein. Wenn ich am frühen Morgen Dich mit meiner Hand suche und Deine Hand in die meine nehme – ganz still und behutsam, weil ich ja erst entdecken muß, ob Du noch schläfst –, dann spüre ich Dich und erlebe Deine Nähe. So geht das eine längere Zeit. Dann jedoch läßt die Wahrnehmung nach. Ich spüre nichts mehr, obwohl unsere Hände noch ineinanderliegen. Erst wenn sich Deine Hand regt oder wenn ich die meine bewege, wenn also unsere Berührung unterbrochen wird, dann merke ich neu, daß Du immer noch da bist. Unterbrechung scheint nötig zu sein, wenn man eines anderen oder seiner selbst bewußt werden will. Womöglich tut darum am Ende auch die Unterbrechung, die uns jetzt aufgedrängt wurde, unserer Beziehung gut.

Ich sitze hier in einem Kaffeehaus und denke an uns. Ich schreibe alles auf. Für dich. Für mich. Für uns. Mir wird darin neu klar, was mir unsere Beziehung bedeutet. Das Aufschreiben hat eben doch noch eine andere Qualität als das lebendigste Gespräch. Es erlaubt genaueres Nachdenken. Was man im Gespräch so leicht dahinwirft, wird noch einmal überprüft. Ich habe in den letzten Monaten etliche Briefwechsel von Liebenden aus verschiedenen Jahrhunderten gelesen oder überflogen. Schade eigentlich, daß das heute außer Mode gekommen ist.

Erinnerst Du Dich noch der ersten Zeit unserer Bekanntschaft? Ein Ereignis hat uns beide überrascht. Wir hatten ein Kriminaltheater besucht und uns nachher noch Zeit zu einem Viertel Wein genommen. Unverhofft erhielten wir die Möglichkeit zu tanzen. Du hast mir später erzählt, die sanfte, vorsichtige, zaghafte körperliche Berührung, die das Tanzen mit sich brachte, habe Dich plötzlich getroffen und tief beeindruckt. Es sei eine Verwandlung in Dir vorgegangen. Meine Berührung hätte Dich angerührt. Ich konnte das gut nachempfinden. Auch mein Gefühl für Dich war verändert worden. Die körperliche Nähe hatte uns einander näher gebracht.

Verwandelnde Körperlichkeit

So ist es wohl in jeder Beziehung von Menschen. Wo sich zwei Menschen einander näherkommen, da kommen auch immer zwei Körper einander näher. Und wo sie einander menschlich nahe sind, da sind sie sich in der Regel auch körperlich nahe. Umgekehrt gilt das Gleiche. Dies ist so selbstverständlich, daß ich mich fast schäme, es niederzuschreiben. Doch manchmal muß Selbstverständliches eben gesagt werden. Philosophie sei, so habe ich irgendwo gelesen, die Kunst, das Selbstverständliche zu denken. Doch es will mir scheinen, daß dies alles gar nicht so normal ist. Wir wuchsen ja in einer Tradition auf, die Beziehungen zwischen Menschen nur dann für gut erachtete, wenn sie »rein« waren, wenn sich also nichts Körperliches in sie einmischte. Jede körperliche Anziehung galt unseren Vorfahren als gefährlich; jedes sexuelle Begehren schon fast als schändlich. Sich dem überlassen, war sündhaft. Und das sogar in der Ehe. Selbst in ihr sollte nicht die körperliche Faszination des Partners zur sexuellen Erfahrung führen, sondern allein die Fortpflanzungsabsicht. Darum auch war, was man mit dem Wort »Liebe« bezeichnete – selbst wenn man es auf die Ehe bezog, was bekanntlich jahrhundertelang nicht getan wurde –, eher etwas rein Geistiges, Körperloses, Sexualitätsfreies. »Du sollst Deine Frau nicht wie eine Geliebte lieben«, dieses Wort des *Hieronymus* wurde von vielen Philosophen und Theologen unserer abendländischen Tradition oft wiederholt. Die sexuell weitgehend enthaltsame Ehe – von der vorehelichen oder außerehelichen Beziehung ganz zu schweigen – galt als christliches Ideal. Ich glaube nicht, daß wir diese Vergangenheit gegenwärtig schon hinter uns gelassen haben und sehr viel weiter sind.

Liebe – ich verstehe darunter nicht etwas idealistisch Hehres, sondern das reale Gefühl, daß Du mir wertvoll bist, mich also faszinierst, und den entschlossenen Willen, an Dir festzuhalten und für Dich da zu sein – ist aber immer konkret. Sie bezieht Menschen aus Fleisch und Blut aufeinander. Sie bindet sie sogar aneinander. Dabei spielt die Sexualität eine zentrale Rolle. Wo jemand das leugnet und den Anschein rein geistigen Liebens zu erwecken sucht – weder die platonische, noch die höfische Liebe waren von der Art –, da hat er vermutlich die wahre Liebe noch nicht entdeckt. Ich beginne dann in meiner Skepsis nach den Gründen seiner Verdrängung der körperlichen Seite zu fragen. Im Menschen sind nun einmal Körper und Geist untrennbar verbunden. Aber ich will über andere nicht richten. Mir jedenfalls ist die Entdeckung und die Zulassung der – auch körperlichen – Anziehungskraft von Menschen in meinen Beziehungen als eine neue, positive Möglichkeit erschienen; obwohl auch für mich sich der besondere Reiz von Menschen nicht darauf beschränkt. Wer lieben will, dürfte vor der sinnlich-erotischen Dimension – und Möglichkeit – einer Beziehung jedenfalls nicht nur Ängste haben. Ihm ginge die Offenheit und Freiheit ab, die das Lieben voraussetzt und einschließt.

Ich frage mich oft, wie eigentlich unsere Vorfahren – aufgewachsen in einer sexualitätsfeindlichen Tradition – das Lieben haben lernen können. Oder müssen wir annehmen, daß sie nicht lieben konnten? Haben sie lebendig und leidenschaftlich geliebt, obwohl ihnen ein asketisches Eheideal aufgedrängt worden war, das ihre sexuelle Beziehung zum lustlosen Dienst an der Menschengattung herabstufte und ihre Partnerschaft zu einer allenfalls freundschaftlichen Solidarität formte? Ich weiß: So eine Frage ist hart und sie wendet einen Begriff von Liebe an, der ihrer Beziehung möglicherweise unangemessen ist. Doch wenn meine Mutter mit über 70 Jahren verschämt eingestand, ihr Mann – mein Vater – habe sie nie nackt gesehen, dann frage ich mich nicht zuerst, wie sie zu ihren fünf Kindern kommen konnte, sondern vor allem, welcher Art wohl ihre Liebesbeziehung gewesen sein mag. Von Freude und Spaß an ihrer Nacktheit, an sexueller Erregung, am Spiel der Zärtlichkeiten und an sinnlich-leidenschaftlicher Erfahrung kann da kaum die Rede sein. Wir haben darüber zwar nie genauer gesprochen. Meine Eltern waren in dieser Hinsicht fast sprachlos. Doch kann ich mir nicht vorstellen, daß ihre Beziehung zueinander davon unbeeinflußt geblieben ist.

Ich will nun nicht behaupten, die sexuelle Leidenschaft gehöre so unbedingt zu einer liebevollen Partnerschaft, daß diese ohne sie fade würde und verkommen müßte. Vermutlich wäre das eine Überschätzung der Sexualität. Das Glück des Menschen fällt nicht mit seinem sexuellen Glück in eins. Überzogene Erwartungen können da nur Enttäuschung bringen. Ich habe ja schon gesagt, daß ich den Reiz unserer Beziehung insgesamt in allen Dimensionen erlebe – nicht nur im Bett, sondern auch am Tisch, bei gemeinsamen Erlebnissen und Unternehmungen, nicht zu vergessen den gegenseitig anregenden Austausch in unseren Gesprächen, wenn ich immer neue Geheimnisse an Dir entdecke. Doch ist es in vielen Beziehungen – vor allem von Menschen, die schon länger beieinander sind – leider nicht so, daß die sexuelle Lust sich sozusagen natürlicherweise erschöpft hätte. Es scheint mir vielmehr so, daß die sexuelle Erfahrung als ausdrucksstarke Sprache der Liebe von vornherein gar nicht lebendig zu Wort kommen konnte, weil sie durch die traditionellen sexualfeindlichen Vorstellungen mit dem Gefühl von etwas Unreinem, Tierischem oder Sündhaftem besetzt ist. Das Schweigen des Sexuellen ist dann ohnmächtige Stummheit, nicht wortloses Verstehen.

Leibhaftig lieben

Auf einem sexualfeindlichen Hintergrund ist es schwer, die humanisierende Erfahrung der sexuellen Begegnung zu zweit zu machen. Ich bin so froh, daß in unserer Beziehung etwas davon – langsam und schwierig genug – wachsen konnte. Wenn nur noch Haut zwischen uns ist – es ist ja unmöglich, daß nichts mehr zwischen Menschen ist –, dann erlebe ich, was Partnerschaft in Liebe sein kann, was Nähe und Lebenslust, Anziehung und Faszination, Sinnlichkeit und Leidenschaft sind. Ich habe das dann nicht nur im Kopf. Nein ich spüre unmit-

telbar und leibhaftig – eben mit allen Sinnen – unsere anregende Lebensgemeinschaft – und was Menschen, die sich zu lieben suchen, füreinander sein und einander gewähren können. Alle Gesten der Zärtlichkeit, die wir austauschen, werden Worte der Liebe, Worte einer Sprache, die nicht nur von Liebe berichtet, sondern sie zugleich lebendig zu erfahren gibt. Ich kann mir nicht vorstellen, wie eine Paarbeziehung auf Dauer gelingen können sollte, in der körperliche Nähe und zärtliche Sexualität grundsätzlich ausgeschlossen werden, weil sie Angst machen oder als verboten gelten oder mit Gefühlen von Schuld belegt sind.

Je länger unsere Beziehung dauert, desto intensiver spüre ich deine zärtliche Nähe. Natürlich ist unsere sexuelle Begegnung nicht mehr so leidenschaftlich wie zu Anfang unserer Beziehung. Das erregende Begehren und die begehrende Erregung haben nicht mehr die erotische Kraft des Beginns. Wie sollten sie auch? Wir sind uns ja nicht mehr unbekannt. Wie könnte es zwischen uns noch außergewöhnliche Überraschungen geben, nachdem wir uns über viele Jahre einander vertraut gemacht haben? Ich nehme das allerdings nicht als Verlust. Im Gegenteil. Denn unsere Beziehung, eingeschlossen unsere sexuelle Erfahrung, bekamen eine qualitativ neue Intensität. Wie man in der Meditation, wenn man sie nur pflegt und durchhält, allmählich von der Oberfläche der Dinge in deren Wesen dringt, so erschließt auch die sorgsam gestaltete Dauer jeder Partnerschaft neue Tiefen. Dies hat mit der wachsenden Sensibilität für ihre vielen Dimensionen zu tun. Beziehungen, Liebe, Treue, Leben sind eben mehr als das Sexuelle.

Wer weiß, wie es mit unserer Partnerschaft stünde, wenn wir in der Zeit, in der wir aufgewachsen sind, mehr Gelegenheit bekommen hätten, das Lieben zu lernen. Die Fähigkeit – und die Bereitschaft – zu sinnlicher Wahrnehmung und zu leidenschaftlicher Erregung, auch die zu sexuellem Genuß und zu erotischem Lieben müssen ja gelernt werden. Sie stellen sich nicht naturwüchsig ein. Dieses Lernen beginnt schon in den ersten Beziehungen, die Säuglinge mit Mutter und Vater erleben. Jeder weiß, daß deren Versorgung und Pflege – beim Stillen etwa oder beim Trockenlegen und Reinigen – immer auch Handlungen der Körperberührung – hoffentlich zärtliche – einschließt. Die Nähe und Geborgenheit, die wir da über die Haut erlebt haben, beeinflußt zeitlebens unseren Wunsch nach sexueller Erfahrung und prägt unsere entsprechenden Möglichkeiten. Allerdings liegen wir nicht einfach darauf fest. Die Lebensgeschichte kennt viele Änderungsstationen. Und jede sexuelle Erfahrung, wenn sie denn – speziell in der Zeit des jungen Erwachsenseins – gemacht und zugegeben werden darf, so daß man über sie sprechen kann, bietet die Chance neuer Veränderung. Darum ist eine Partnerschaft auch nicht in erster Linie ein Gefahrenfeld, sondern ein Lern- und Experimentierfeld für Liebe und Sexualität.

Sich selbst ein Fremder

Ob es überhaupt Menschen gibt, deren Lebensgeschichte in dieser Hinsicht »normal« verlief? Meine Eltern, Deine womöglich auch, hatten tragischerweise selbst zu viel Angst davor, sich in erotisch-sexueller Ekstase zu verlieren, als daß sie uns einen freien und gelassenen Umgang mit unserer Sexualität hätten vermitteln können. Das war nicht ihre Schuld. Es war ihr Verhängnis. Man hatte ihnen die Freude an sich selbst und den Spaß an ihrer Beziehung halbwegs ausgetrieben. Wenn sie uns dann vor dem Sexuellen gewarnt haben – sie hatten nur Warnungen –, dann haben sie uns ihre Ängste weitergegeben. Sie waren sich dessen nicht bewußt. Sie taten ihr Bestes. So habe ich lange Jahrzehnte meines Lebens nur wenig begreifen können von mir als leibhaftigem, sexuell interessiertem, beziehungsbedürftigem männlichem Wesen. Ich blieb meinem Körper eher fremd, war abgespalten von ihm. Ich hatte auch den Eindruck, meinen Gefühlen, meinem Inneren, meinem Ich gegenüber ein Fremder geblieben zu sein. Ich konnte mich nicht fassen, hatte keinen Zugang zu mir. Es ist nicht nur Deiner Art, von Dir zu erzählen – differenziert, einfühlsam und kompetent –; es ist auch unserer körperlichen Nähe und intimen Begegnung zuzuschreiben, daß sich das nach und nach geändert hat. Ich begann mich als sexuelles Wesen anzunehmen. Mit der Entfaltung meiner männlichen Identität wuchsen dann auch meine Fähigkeit und mein Mut zu lieben.

Ich bin übrigens glücklich, daß sich unsere sexuelle Erfahrung einbetten konnte in eine gemeinsame Lebensgeschichte, in der sich mehr und mehr heraustellte, daß sie bis zum Tode dauern soll. Ich frage mich manchmal, wie es denen gehen mag, die sexuelles Glück nur vorübergehend genießen, ohne eine langfristige Lebens- und Liebesgeschichte. Dabei will ich gar nicht bestreiten, daß die kurze sexuelle Begegnung etwas Reizvolles sein mag; ja daß eine solche Erfahrung manchem – und nicht nur Männern – gut tun könnte. Dabei müßte man nur darauf achten, daß sie nicht auf Kosten eines Dritten geht, eines Partners oder eines möglichen Kindes. Ich gestehe, daß auch ich mich manchmal dazu verführt erlebt habe.

Die traditionelle Überzeugung, der Geschlechtsverkehr – und er allein – sei »Ehe« schon vor der Ehe, verrät, daß sie von Männern stammt, die ihn nie oder nie ohne Schuldgefühle erfahren konnten. Ich glaube nicht, daß ein sexuelles Erlebnis unbedingt und in jedem Falle eine lebenslange – und damit eheliche – Liebe voraussetzt. Sexuelle Erfahrungen mögen schon anfanghaft gelingen, wo sie Ausdruck von Freundschaft, Sympathie, Zuneigung – also milderer Formen der Liebe – sind. So etwas kann auch plötzlich aufbrechen und unversehens wieder aufhören. Wir nähmen das Sexuelle allzu ernst, wenn wir in ihm nicht auch Neugier, Abenteuer- und Entdeckerfreude, Sinnlichkeitserfahrung – aber für alle Beteiligten – gelten ließen. Es hat doch auch etwas von Spiel. Gerade junge Leute, die sich selbst als Frauen und Männer zu erfahren beginnen und verständlicherweise auch wissen

Ineinander

Es ist schön, wenn du mich erwartest.
Funken gehen von dir aus.
Dein Bauch ist weich, aber es federt etwas darin.
Wenn sich deine Brustspitzen versteifen,
weiß ich, wie sehr ich auf dich hungrig bin.
Deine Backen sind schmiegsam,
sie geben nach, wenn ich mit meiner Zunge darauf wandere.

Es ist schön, wenn sich deine Schenkel öffnen
und dein Schoß feucht wird.
Die Schamhaare verlocken mich dazu,
wie in einem Wald mich zu verlieren.
Meine Hände suchen dich zu wecken,
dein festes Gesäß, den geschmeidigen Rücken:
Du hast so viele Poren, die sich öffnen können.
Die Nervenbahnen an deinen Schenkeln antworten mir.
Selbst deine Knöchel singen mir ein Lied.

Es ist schön, mich in dir zu verlieren.
Du kannst mich aufnehmen, so daß ich nicht mehr weiß:
bin ich da oder habe ich mich verloren?
Verloren in dir, finde ich mich wieder.
Weil ich Lust erfahre, weiß ich, daß ich bin.

Otto Betz

wollen, wie die sexuelle Erfahrung »geht«, brauchen dies. Die Forderung, Sexuelles müsse immer randvoll glücken und dürfe nur gesucht werden, wenn das sicher ist, ist eine schlimme Last. Wer vor sexuellen Erfahrungen nur Angst hat und darum jede Beziehung ängstlich meidet, in der er sich dazu verführt erleben könnte, von dem ist zu befürchten, daß er das Lieben niemals lernt.

Natürlich kann es eintreten, daß die sexuelle Begegnung mehr bewirkt, als sie sollte: Wer einander nackt zu erfahren gibt, kann aneinander gebunden werden. Und das gerade dann, wenn die sexuelle Erfahrung einigermaßen glückt: wenn beide sie einschränkungslos genießen. Die sexuelle Lust beschränkt sich ja nicht auf das Erleben des Orgasmus. Ginge es nur um ihn, stünden andere Befriedigungsformen – z. B. die Selbstbefriedigung – bereit. Gerade in ihr aber erlebt man, daß sexuelle Befriedigung mehr ist als orgastische Entspannung. Nein: Die Lust, die in der sexuellen Beziehung gesucht und gewährt wird, ist – unbeschadet der Erfüllung im koitalen Orgasmus – auch die Freude an warmer Haut, der Spaß am sanften Streicheln, an intimen Zärtlichkeiten, die Befriedigung aus der darin vermittelten Innigkeit, Geborgenheit, Nähe. Die sexuelle Begegnung läßt sich nun einmal nicht auf den gemeinsamen Orgasmus reduzieren. Sie ist eine den ganzen Menschen mit allen Sinnen betreffende Begegnung. Und sie ist es um so mehr, je uneingeschränkter die Beteiligten einander bejahen können. Das hat Folgen. Es stiftet gemeinsame Erinnerungen, schafft ein gemeinsames Stück intensiv erlebter Lebensgeschichte. Beider Identität wird dadurch geprägt – und kann in aller Regel nur unter Leid verändert werden. Partnern wäre zu wünschen, daß sie die Formen sexueller Begegnung wählen, die dem Intensitätsgrad ihrer Beziehung angemessen sind.

Sexualität ist Beziehung

In der Beziehung junger Leute wird dies gegenwärtig vielfach virulent. Kaum 15, 16 oder 17 Jahre alt, lassen sie sich faszinieren vom aufbrechenden Begehren, lassen sich verstricken in die aufregende Sexualität ihres Partners und leben so, als seien sie schon auf Dauer einander versprochen oder verbunden. Nach etlichen Jahren jedoch entdecken sie – vielleicht –, daß sie sich getäuscht haben. Sie können nur unter großen Schuldgefühlen auseinandergehen, wenn sie es können. Ich will niemanden vor lebendigen Beziehungen und sexuellen Erfahrungen warnen. Das nicht. So etwas kann ja auch lang verheirateten Partnern passieren. Leben ist nicht anders zu haben. Doch ist Aufmerksamkeit am Platz. Die Sexualität will eben auch ernst genommen werden. Ich jedenfalls habe die Erfahrung gemacht, daß der, mit dem man sexuell vertraut wird, einem nicht gleichgültig bleiben kann. Auch, daß Erfahrungen mit dem, der einem nicht gleichgültig ist, eine zusätzliche Intensität gewinnen.

Alle Menschen bilden ihre sexuellen Möglichkeiten in ihrer Lebensgeschichte aus, in der sie auch andere Erfahrungen machen: ich bin gut; ich bin ohnmächtig; ich kann etwas; ich bin ein Versager, ich bekomme, was ich will, ich bin gehemmt; ich komme immer zu kurz. Unsere sexuellen und psychischen Möglichkeiten sind miteinander verstrickt. Darum tragen wir

im Sexuellen häufig auch Ängste und Konflikte aus, die ursprünglich gar nicht sexuell sind: Macht und Ohnmacht, Widerstand und Unterwerfung, Herrschaft und Niederlage. Die sexuelle Erfahrung wird so leicht verdorben und verfehlt. Ein liebenswürdiger Mensch ist darum auch eher ein liebenswürdiger Geliebter; ein rücksichtsloser Mensch eher ein rücksichtsloser Liebhaber. Wer zu lieben sucht, hätte die Aufgabe, an seiner Menschlichkeit zu arbeiten.

Ich erinnere mich an einen fürchterlichen Streit, den wir miteinander hatten. Worum es konkret ging, ist mir entfallen und auch gar nicht wichtig. Wir beide haben damals sehr gelitten – wenn ich mir auch klar machte, daß der Mut zum Streiten unsere Beziehung als belastbar ausweise. Aber dies ist mir unvergeßlich: Wir gingen auch körperlich auf Distanz. Ich erlebe wie heute, wie Du Dich zurückzogst, als ich Dich wieder in den Arm nehmen wollte. Offensichtlich empfandest Du meine körperliche Annäherung noch als unehrlich; sie schien Dir mit Deinen Gefühlen nicht in Übereinstimmung zu sein. Auch ich selbst fühlte mich in solchen Situationen zunächst wie eingemauert. – Du warst diesbezüglich eigentlich immer zurückhaltender und skeptischer als ich. Während es mir recht schnell und mühelos zu gelingen schien, meine Zärtlichkeiten zu Gesten der Liebe zu machen, die Gräben überwinden können, wolltest Du eher abwarten, bis Deine Gefühle sich so verändert hätten, daß Zärtlichkeiten Dir wieder als angemessen erschienen. Mir ist dabei klar geworden, daß wir bei allem Vertrautsein verschiedene Menschen geblieben sind. Und daß wir achtsam mit dieser Unterschiedlichkeit umzugehen haben.

Vielleicht kann nur der, der dies alles – die Höhen und Tiefen des, auch sexuellen, Liebens – durchgemacht, womöglich durchlitten hat, auf sexuelle Erfahrungen gelassen verzichten. Ich bin mir darin nicht ganz sicher. Denn es könnte ja sein, daß ich meine eigene Erfahrung allzu schnell generalisiere. Vielleicht ist gelassener Verzicht schon dem möglich – ich meine einen Verzicht, der weder bewußt wahrgenommene noch unbewußt bleibende unerträgliche Kosten auflädt –, der sich vor sexueller Erfahrung nicht fürchtet, also die Freiheit hätte, sie ohne Versagens- oder Schuldgefühle zuzulassen, wenn sie ihn überwältigte. Eine solche Freiheit wünsche ich allen Verliebten, die sich in einer Partnerschaft versuchen. Der frei gewählte Verzicht könnte dann auch einen Sinn bekommen – und die Beziehung aus der Gefahr der Lüsternheit heraushalten. Das Gesetz der Unterbrechung gilt wohl auch hier.

»Daß wir bei allem Vertrautsein verschiedene Menschen sind.«

Wie wirst Du Dich zu meinen Gedanken stellen? Sicher hast Du in manchem eine andere Sicht der Dinge. Ich freue mich darum auf unsere Gespräche. Nach meiner Rückkehr werden wir dazu Gelegenheit haben. So könnte unsere augenblickliche Trennung zu neuem Austausch führen über die wunderbaren Möglichkeiten sexuellen Liebens.

Dein Wolfgang ■

Dr. Wolfgang Bartholomäus, geboren 1934, war bis zu seiner Heirat als Priester Professor für Religionspädagogik und Kerygmatik an der Katholisch-Theologischen Fakultät der Universität Tübingen. Jetzt hat er am »Institut für Erziehungswissenschaften der Universität Tübingen« einen Lehrstuhl für Religionspädagogik inne. Seine letzte Veröffentlichung: Unterwegs zum Lieben. Erfahrungsfelder der Sexualität (München ^{2}1988).

Wer lieben will, erkenne sich selbst!

Franz Alt im Gespräch mit ZEIT&GEIST-Herausgeber und Redakteur Norbert Copray

Franz Alt, einem größeren Publikum als Leiter und Moderator des Fernsehmagazins »Report« bekannt, hat sich in seinen letzten Büchern »Liebe ist möglich« und »Jesus – der erste neue Mann« sehr eingehend zur Beziehung, zur Partnerschaft und zur Liebe zwischen Frau und Mann geäußert. Besonders in seinem Jesus-Buch bekannte er sich selbst zu einer wertvollen Selbstentwicklung, was die Beziehung zwischen Frauen und Männern, was den Umgang mit der Liebe zwischen Frau und Mann anbelangt. Ausdrücklich erklärt Alt in seinem Buch, daß er neue Schritte auf diesem Gebiet seiner Frau und einer Psychoanalyse nach dem Ansatz von Carl Gustav Jung verdanke. Zugleich verbindet Alt neue Einsichten in die künftige Partnerschaft von Frau und Mann mit einer neuen Sicht Jesu und dessen Gottesbild, woraus sich kritische Anmerkungen zur Kirche auf dem Gebiet der Sexualität und der Partnerschaft von Frau und Mann ergeben.

Copray: *Herr Alt, »Wenn Mann und Frau sich lieben« haben sie einen Abschnitt in ihrem Buch »Jesus – der erste neue Mann« überschrieben. Sie formulieren dann dort weiter: Wenn Frau und Mann sich lieben, fällt es auch dem Vorstandsmitglied einer Bank leichter zu entdecken, daß es Dringlicheres gibt als Geld, fällt es einem General leichter zu entdecken, daß atomare Abschreckung ethisch nicht zu verantworten ist, dann fällt es einer Frau leichter zu entdecken, daß das Nein das wichtigste Wort in der Liebe sein kann, dann fällt es einem 50jährigen leichter, über das Jesus-Wort »Du kannst nicht zwei Herren dienen, Gott und dem Mammon« nachzudenken. Wieso hat die Liebe zwischen Frau und Mann für Sie eine so zentrale Bedeutung in der gegenwärtigen Situation?*

Alt: Ich bin sicher, daß wir uns nach nichts so sehr sehnen bewußt oder unbewußt wie nach Liebe. Es ist nun einmal unser heimlichster, oft auch gar nicht heimlicher Wunsch. Mit den Beispielen, die Sie gebracht haben, wollte ich klarmachen, daß die äußeren Dinge, die wir oft mit Liebe verbinden, wie Besitz, Karriere, Geld und Sex, sicherlich nicht das Zentrale einer Liebe sind, sondern daß das Zentrale einer Liebe ein psychischer Wert ist. Also der Wert von Liebe wird sich primär an ihrer seelischen Tiefe messen lassen.

Copray: *Sie messen der Liebe zwischen Frau und Mann eine zentrale Bedeutung sogar für die Veränderung der Gesellschaft zu!*

Alt: Ja, da bin ich ganz sicher. Für mich ist immer klarer geworden in den letzten Jahren, daß das, was wir im Privatleben »Liebe« nennen, in der Politik das Wort »Frieden« ist oder

»Versöhnung«, »Aussöhnung« oder »Entspannung«. Das sind alles zentrale politische Begriffe, die für das Überleben der Menschheit von größter Bedeutung sind. Ich sehe da einen Zusammenhang und ich bin sicher, daß wir eine andere Art von Politik nur durch eine vertiefte Liebesbeziehung zwischen Menschen bekommen werden. Also die Mystiker würden vielleicht sagen »Innen wie Außen«, wobei dann »Innen« das Verhältnis von Liebe zwischen Mann und Frau wäre oder auch das Verhältnis von Liebe zwischen Eltern und Kindern und überhaupt unser zwischenmenschliches Verhältnis, und das »Außen« wäre dann die Politik, das Sichtbare, das, was sichtbar an Störungen oder Nichtstörungen zwischen Völkern und Gesellschaften abläuft. Ich bin sicher, daß es da tiefe innere Zusammenhänge gibt.

»Das Zentrale einer Liebe ist ein psychischer Wert.«

Das kann man lernen in der Schule von *Gandhi*, das kann man aber auch lernen in der Schule von *Jesus*. Nicht zufällig steht im großen Text des Vermächtnisses von Liebe bei Jesus, nämlich in der Bergpredigt, das zentrale politische Wort »Feindesliebe«. Also für mich sind diese Zusammenhänge für mein eigenes politisches Denken, aber auch für meine persönliche Entwicklung, wesentlich geworden in den letzten Jahren. Ich denke, es ist ein Teil unseres politischen Elends, auch ein Teil des Elends des Christentums, daß wir dies zu sehr voneinander abgespalten haben. Ich glaube, das ist wirklich eine Neurose. Wahrscheinlich ist die Abspaltung, die totale Trennung zwischen Politischem und Privatem, die verhängnisvollste Spaltung des Christentums. Verhängnisvoller als die Trennung in Konfessionen.

Copray: *Nun ist ja diese Trennung heute vielfach vollzogen in der Art, daß viele Menschen gerade nach einer Liebesbeziehung suchen, um sich von der Gesellschaft zurückzuziehen oder sich vor ihr zu schützen, um in diesen Beziehungen aufzutanken, gewissermaßen im grauen, im harten, kräftezehrenden Alltag bestehen zu können.*

Alt: Das scheint mir eine Flucht zu sein, eine Flucht vor der Verantwortung. Wir sind nicht nur ein individuelles, wir sind immer auch ein soziales Wesen. Und es kennzeichnet unsere Zeit geradezu, daß wir von einem Extrem in das andere flüchten, daß wir sozusagen von einer Phase von Veräußerlichung, auch im Bereich der Liebe, flüchten in einen Bereich reiner Innerlichkeit. Das ist gerade in Deutschland nicht neu, das gab es sicherlich auch in den großen Bewegungen der Romantik, die wahrscheinlich dadurch gekennzeichnet ist, daß man floh von Außen nach Innen und dachte, dort ist allein Erlösung und Rettung. Ich glaube, in allen Wendezeiten kann man das beobachten, und wir leben historisch in einer Wendezeit. Das kann man gut verstehen nach einer Phase vierzigjährigen wirtschaftlichen Aufbaus, in einer Phase äußeren Aufschwungs gerade in der Bundesrepublik Deutschland oder in allen Industriestaaten, wo großer Wert gelegt wurde auf äußeres Wachstum. Da erkennen wir jetzt Grenzen, ja müssen die Grenzen des Wachstums erkennen, wenn wir überleben wollen. Da rennen wir jetzt von einer Einseitigkeit in die andere, von der reinen Äußerlichkeit in die reine Innerlichkeit. Beides sind Einseitigkeiten und führen kaum zu einer wirklichen Wende oder gar zu einer Erlösung.

Copray: *Was müßte das für eine Liebe zwischen Frauen und Männern sein, die einerseits diesen Widerspruch zwischen »Innen« und »Außen«, »privat« und »gesellschaftlich« aufhebt und andererseits sogar gesellschaftsverändernd wirkt? Es müßte ja doch eine besondere Qualität von Liebe sein, vermutlich nicht das, was gemeinhin als Liebe begriffen und vorgestellt wird.*

Alt: Keine Liebe, die man unter Haben-Kategorien fassen könnte, also ich *habe* nun eine Ehe oder einen Partner oder eine Partnerin und damit hat es sich. Sondern eine Liebe, die offen ist für neue Erkenntnisse, für Bewußtseinswandel, die lernbereit ist, bei der das Spüren und Fühlen wichtiger als das Besitzen und Haben ist. Wahrscheinlich sind es mehr weibliche Eigenschaften als beherrschend männliche Eigenschaften, die diese Transformation von Liebe, beginnend bei Mann und Frau, dann aber auch bis hinein in die Politik bewirken können.

Ich denke, daß da in den letzten Jahren doch bei vielen Menschen eine Ahnung von einer vertieften Liebe durchgebrochen ist, die deutlich macht, daß Liebe ein lebenslanger Lernprozeß ist, daß man Liebe nicht haben kann, daß man Liebe immer wieder neu lernen muß, daß zur Liebe die Krise gehört, daß Lernen in Krisen dazugehört und daß zur Liebe vor allen Dingen Wachstum gehört, und ganz wesentlich, daß Liebe Liebesarbeit ist. Ich denke, daß die sentimentale Vorstellung von Liebe trügerisch ist, die wahrscheinlich uns Männern noch näher liegt als Frauen: Wir haben uns verliebt, und jetzt muß es doch laufen, automatisch sozusagen. Nachher kommt das große Erwachen. Denn viele Menschen begreifen, daß das nicht trägt, daß das eine wirkliche Partnerschaft, daß das eine psychische Entwicklung nicht vorwärtsbringt und daß diese Vorstellung von Liebe, also diese Liebe ohne Liebesarbeit, trügerisch ist. Viele Partnerschaften in den letzten Jahren, das ist mein Eindruck, viele Menschen meinen es heute ehrlicher mit der Liebe, gehen wahrhaftiger mit der Liebe um bis dahin, daß sie sich dann scheiden lassen, wenn es nicht geht. Das ist aber wahrhaftiger als um jeden Preis zusammenbleiben zu wollen, weil man oder frau zusammenbleibt.

Copray: *Die Tatsache, daß viele Beziehungen, Partnerschaften scheitern, bedeutet ja nicht unbedingt nur negativ, die Menschen wären nicht fähig zur Partnerschaft, sondern bedeutet auch, daß die Menschen mit hohen Ansprüchen in die Partnerschaften hineingehen, die sich oft nicht erfüllen lassen. Die Partner sind offenbar realistisch und wahrhaftig genug, dann diese Partnerschaft zu beenden. Allerdings ist zu sehen, daß damit sehr leicht eine Kollision mit dem verbunden ist, was kirchliche Gemeinschaften als christliche Moral vorstellen.*

Alt: Ja, aber das hat mit dem, was Jesus unter »Ehe« verstanden hat oder Jesus unter Ethik und Moral verstanden hat, sicherlich nichts zu tun. Also die Vergesetzlichung dessen, was Jesus unter Liebe oder auch unter Ehe und Partnerschaft verstanden hat, ist wirklich etwas ganz anderes als Gebote und Verbote aufzustellen und die Reduktion auf Gesetze, was dann die Kirchen gemacht haben. Also jesuanische Ethik bedeutet sicherlich ein tiefes Empfinden und nicht eine Orientierung an Gesetzen. Die Kirche hat das sicherlich sehr reduziert und, wenn ich die Bergpredigt richtig verstehe, genau das gemacht, was Jesus nicht meinte. Wenn ich an das berühmte Ehewort von Jesus denke: »Ihr wißt«, heißt es bei Matthäus, »daß es da heißt: zerstöre keine Ehe. Ich aber sage euch, wer die Frau eines anderen auch nur ansieht und sie haben will, hat in Gedanken schon ihre Ehe zerstört.«

»Bei vielen Menschen ist eine Ahnung von einer vertieften Liebe durchgebrochen, daß man Liebe nicht haben kann und daß Liebe Liebesarbeit ist.«

Copray: *Ein sehr provokatives Wort!*

Alt: Das ist eine sehr große Provokation und viele, auch viele Theologen habe ich darüber recht herzlich lachen hören, über so viele Naivität. Das ist aber ein anderer Ansatz, das ist nicht der Ansatz von »Ihr seid verheiratet, Ihr müßt zusammenbleiben, und da steht doch und es ist geschrieben ...«. Jesus geht viel tiefer. Bei Jesus beginnt doch Ehebruch nicht beim äußeren Tun. Bei Jesus ist Ehebruch sicherlich etwas, was weit vor dem Faktum des »Ehebruchs« beginnt. Die meisten Ehen, würde Jesus heute wahrscheinlich analysieren, brechen auseinander, weil Besitzdenken und Gleichgültigkeit und vor allen Dingen sentimentale Vorstellungen über die Liebe herrschen. Jesus meint mit diesem erschreckenden und schrecklich ehrlichen Wort, daß die Ehe vor allen Dingen eine innerpsychische und eine zwischenpsychische Aufgabe für jeden reifenden Mann und jede reifende Frau ist und nicht etwas, was beruhen kann auf äußerlichen Gesetzen nach der Vorstellung, du mußt und du sollst.

Copray: *Nicht in jedem Fall geht eine Partnerschaft wegen eines neuen Partners in die Brüche. Ich kann nicht sagen, daß Partnerschaften auseinandergehen, weil Menschen voller Besitzgier sind oder den anderen zum Objekt machen. Es kann ja durchaus auch sein, daß jemand einen anderen Menschen lieben*

lernt neben einem Liebespartner, den er schon hat. Oder ist das völlig ausgeschlossen?

Alt: Also, wer Realist ist, kann das nicht ausschließen, und wer entsprechende Erfahrungen in seinem Leben hat und ehrlich ist, erst recht nicht. Das bedeutet dann natürlich eine Krise in der Partnerschaft. Die Frage ist, ob wir ehrlich genug sind, um in einer Partnerschaft damit umzugehen, und wie wir in einer Partnerschaft mit einer solchen Krise umgehen. Also Liebe, Ehe und Partnerschaft um jeden Preis oder »bleibt beisammen um jeden Preis«, davon lese ich bei Jesus von Nazareth auch nichts. Die Liebe ist das Entscheidende und nicht das Gesetz, die Vorschriften und das Man-tut-nicht. Insofern ist heute in vielen Liebesbeziehungen, da stimme ich Ihnen zu, mehr Wahrhaftigkeit, als das früher der Fall war. Partnerschaften zu dritt halte ich allerdings – auch nach meiner persönlichen Erfahrung – für einen überwiegend männlichen Selbstbetrug: Einen Selbstbetrug, der unendlich viel Leid verursacht – jeden Tag millionenfach. Aber anstatt zu dieser Selbsterkenntnis zu reifen, gehen hauptsächlich wir Männer massenhaft noch immer psychisch und manchmal auch physisch über Frauen-Leichen – und handeln uns selbst Herzinfarkte ein! Liebe und Partnerschaft ist immer ein Problem des Herzens – ganz wörtlich.

Copray: *Nun sagen Sie, sicherlich mit gewissem Recht, daß Liebe die Grundlage der Partnerschaft ist. Auf der anderen Seite wird man nicht bestreiten können, daß für viele Leute heute gilt, ohne Partnerschaft keine Liebe. Was ist vorrangig? Müssen die Menschen erst einmal fähig sein zu partnerschaftlichem Verhalten, und dann ist es auch möglich, eine Liebe zwischen Frau und Mann zu begründen, oder müssen sie zunächst liebesfähig sein, und daraus entwickelt sich die Fähigkeit, einander Partner zu sein?*

Alt: Ich denke, daß das zusammengehört. Nach meinen Erfahrungen muß es da nicht eine Werteskala geben. Richtig ist, nach meiner Beobachtung, daß heute Liebe für eine Partnerschaft eine wichtigere Rolle spielt als früher, als in früheren Jahrhunderten zumindest. Dort haben die Klassenzugehörigkeit, die Standesorientierung, die Vorstellung der Eltern, also häufig äußere Dinge, eine Rolle gespielt. Ich glaube, wir sind heute anspruchsvoller gegen-

»Wir sind heute anspruchsvoller gegenüber Partnerschaften, als das vor einigen Jahrzehnten der Fall war.«

über Partnerschaften, als das in früheren Jahrhunderten, vielleicht auch vor einigen Jahrzehnten der Fall war. Und das scheint mir ein Durchbruch zu mehr Partnerschaft zu sein. Was jetzt da vorrangiger ist, ob man Partnerschaft vor Liebe oder Liebe vor Partnerschaft stellt, das kann ich nicht und möchte ich nicht auf den Punkt bringen. Meine eigene Erfahrung ist, daß man das lernen kann, meine eigene Erfahrung ist, daß eine Ehe und eine Partnerschaft nur diesen Namen verdient, wenn sie in tiefer Beziehung zu einer wirklichen personalen Liebe steht und wenn sie lernoffen und lernfähig ist. Das gehört beides zusammen. Was zuerst war, Henne oder Ei, das weiß ich nicht. Partnerschaften sind heute auch deshalb objektiv schwieriger als früher, weil wir heute beinahe doppelt so alt werden wie vor 200 Jahren.

Copray. *Für viele Menschen ist Liebe oft ein Gefühl. Das läßt sich auch nur sehr schwer ausräumen. Viele Menschen sind nicht davon zu überzeugen, daß es etwas anderes ist als Gefühl. Deswegen sind sie dann sehr verwundert, wenn es in Partnerschaften Zeiten gibt, wo dieses Liebesgefühl sich nicht mehr recht einstellen will. Können Sie sich diese Erfahrung, diese Situation vorstellen, und wie ist eventuell in einer solchen Situation damit umzugehen: Das Gefühl der Liebe ist nicht mehr da, aber an der Partnerschaft möchten die Partner gleichwohl festhalten?*

Alt: Das sind Dinge, die ich selbst erfahren habe, erfahre und sicherlich auch zukünftig erfahren werde. Eine andere Vorstellung wäre mir zu sentimental. Ja, wie geht man damit konkret um? Auch hier wieder die Grundfrage: Was ist Liebe, Nur ein Gefühl? Sicherlich auch, das ist ein sehr tiefes und auch schönes Gefühl. Aber Liebe muß sicherlich mehr sein, sonst würde ich nicht von »Liebesarbeit« sprechen. Liebe ist eine Sache, die sich auch in Phasen vollzieht: Sie ist mal intensiver, auch mal weniger intensiv, mal kann sie vielleicht gar nicht intensiv erfahren werden und vielleicht ist sie manchmal sogar schon erloschen. Das ist wie mit den Wachstumsringen bei einem Baum, da muß ein Ring zum anderen kommen und das geht mal heftiger und mal weniger heftig und vielleicht spürt man gelegentlich gar nichts. Also, wenn ich sage, Liebe ist ein Prozeß . . .

Copray: *Dann gibt es also auch Wüstenerfahrungen in diesem Prozeß?*

Alt: Ja, die muß es geben, sonst wäre mir das eine zu romantische und sentimentale Vorstellung von Liebe. So wie man selber in seiner eigenen Entwicklung Wüstenerfahrungen braucht, braucht man das auch in seinem Partnerschaftsverhältnis und in seiner Liebe. Also so wie es Hoch und Tief und Auf und Ab gibt in der persönlichen Entwicklung, gibt es auch Hoch und Tief und Auf und Ab in den Entwicklungen von Mann und Frau. Höhenflüge, die kann man ja gar nicht erleben, wenn es nicht Tiefenerfahrungen gibt, und die Erfahrungen in Oasen kann man nicht erleben, wenn es nicht Wüstenerfahrungen gibt. Beides muß zusammenkommen. Ich glaube, das macht den realistischen Reifeprozeß zwischen Mann und Frau auch in der Partnerschaft aus.

Copray: *Es gibt eine sehr starke Passage in Ihrem Jesus-Buch, von der ich fürchte, daß sie etwas untergeht in der Debatte, ob jetzt Jesus richtig gesehen wurde oder nicht. In bezug auf das Verhältnis von Frau und Mann formulieren sie: »Wenn ich den anderen liebe und streichle wie mein eigenes Leben, tue ich nichts Selbstloses. Und wenn wir in unseren Partnerschaften Zeit haben füreinander, gemeinsam reden und träumen, schweigen und schmusen, gar nichts tun, sondern einfach zusammensein wollen, dann geht es auch immer um mein Wohlbefinden. Ich möchte nicht, daß meine Frau die Zeit, die wir gemeinsam verbringen, als Selbstaufopferung versteht, sondern als Lebenslust und Lebensfreude.« Viele Menschen sitzen und bewegen sich in ihren Partnerschaften mit schlechtem Gewissen, weil sie diese beiden Momente, das Moment der Selbstliebe und das Moment der Nächstenliebe nicht zusammenbringen, weil sich das für sie immer wieder auf's neue spaltet. Deswegen scheint mir diese Stelle besonders wertvoll.*

Alt: Ich glaube, daß das eine besondere Sünde der Kirche war, daß sie Liebe häufig, ich glaube überwiegend, nur als »Liebe Deinen Nächsten« begriffen hat und die drei wichtigen Worte, die dann folgen, »wie Dich selbst«, häufig unterschlug.

> *»Die Kirche ist schuld an dieser sentimentalen Vorstellung von Liebe, wonach Liebe nichts mit Selbstliebe zu tun habe.«*

Ich glaube, daß die Kirche schuld ist an dieser sentimentalen Vorstellung von Liebe, wonach

Liebe nichts mit Selbstliebe zu tun habe. So wie, glaube ich, eine wirkliche Partnerschaft nur sein kann zwischen zwei Ich-starken Menschen und nicht zwischen einem, der sich aufbläst, und einer, die sich unterwirft. Diese Vorstellung, das müsse dann immer noch die Frau sein, hat ja das Patriarchat in uns alle eingepflanzt über mindestens fünf Jahrtausende. Das ist eine verheerende Vorstellung von Liebe, das ist eine Vorstellung, die in Frauen und Männern leider so tief sitzt, daß sie noch lange daran arbeiten werden, sie zu überwinden. Also die Vorstellung, Liebe habe nichts mit Selbstliebe zu tun, kann nicht zu wirklicher Partnerschaft führen. Das führt immer zu einem Unterwerfungsritual, immer dazu, daß der eine oder die andere nicht emanzipiert ist.

Nur wirklich emanzipierte Menschen, Menschen, die sich selbst lieben, sind zu einer Liebe, die diesen Namen verdient, und zu einer Partnerschaft, die diesen Namen verdient, wirklich fähig. Alles andere macht krank, ob man das wahrhaben will oder nicht. Ich glaube, daß ein Teil der vielen kranken Ehen, die nicht auseinander gehen, genau daher rührt, von diesem sehr verkürzten, sehr banalisierten und sehr sentimentalisierten Bild von Liebe, wonach Liebe immer nur Nächstenliebe, nicht aber auch Eigenliebe sei. Das gehört ganz intensiv zusammen. Also ich möchte nicht mit einer Partnerin zusammensein und meine Frau auch nicht mit einem Partner, der sich nicht mag, der sich nicht liebt, der also auch Ich-schwach ist und sich immer nur unterwirft.

Mir ist dies klar geworden, wie tief dies auch durch Religion in uns verwurzelt ist und verwurzelt worden ist, als ich über das Jesus-Wort »Wer mir nachfolgen will, verleugne sich selbst, nehme sein Kreuz auf sich und folge mir nach« nachdachte. Mir war immer klar: Das kann Jesus nicht gesagt haben. So kann ein Ich-starker Mensch wie Jesus nicht reden. Und dann habe ich einen Theologen getroffen, der mir das aus dem Aramäischen übersetzen konnte. Und da ist mir klar geworden, woher diese Vorstellung kommt, Liebe habe nichts mit Selbstliebe zu tun oder Liebe habe immer nur etwas mit Aufopferung für den anderen zu tun. Da ist die Kirche nicht unschuldig. Wer also solche Jesus-Worte verbreitet wie »Wer mir nachfolgen will, verleugne sich selbst«, anstatt zu begreifen, daß es im Aramäischen heißt: »Erkenne sich selbst«, der bringt sich und andere um ganzheitliche Liebe. Dieses Wort Selbsterkenntnis ist sehr jesuanisch und sehr liebesorientiert, und das ist wieder sehr emanzipiert. »Wer mir nachfolgen will, erkenne sich selbst, nehme sein Kreuz auf sich und folge mir nach«; das läßt sich auf die Liebe

»Wer sich selbst nicht lieben kann, stinkt immer auch den anderen.«

[redacted]

übertragen. Wer lieben will, muß sich selbst erkennen, muß sich selbst lieben. Ich glaube, wer sich selbst nicht riechen kann, stinkt immer auch den anderen.

Copray: *Wir berühren hier, glaube ich, zwei wichtige Punkte: Das Verhältnis zu sich selbst einerseits und die Einsicht andererseits,* *daß eine Partnerschaft, eine Liebesbeziehung ein immerwährender Lernprozeß ist. Zunächst: Sie werden ja nicht müde zu betonen, Frauen und Männer hätten voneinander zu lernen. Was denn genau haben sie voneinander zu lernen, läßt sich das genauer bestimmen?*

Alt: Also das hängt sicherlich vom jeweiligen Mann und von der jeweiligen Frau ab, was man voneinander lernen kann. Aber vielleicht kann man es doch ein bißchen verallgemeinern. Ich glaube, es ist typisch männlich, daß wir Männer häufig nicht an die Folgen dessen denken, was wir tun. Frauen denken langfristiger, glaube ich, Frauen bedenken mehr, empfinden mehr die Folgen dessen, was sie tun, auch was sie mit Männern tun. Deshalb glaube ich, daß beispielsweise die ganze Abtreibungsdiskussion so falsch läuft bei uns, weil sie typisch männlich verläuft. Nämlich da wird nach Strafe gerufen und da wird nach Gesetzen gerufen. Solange wir Männer nicht begreifen, daß das Zeugen eines ungewollten Kindes eines der größten Verbrechen ist, das wir tun können, solange Frauen mehr Angst haben oder haben müssen vor einer ungewollten Schwangerschaft, weil sie vielleicht mit einem unaufgeklärten oder gar unbeherrschten oder gewalttätigen Partner zusammen sind, solange wird sich an diesem Thema nichts ändern. Wir Männer müssen lernen, die Folgen unseres Tuns zu bedenken. Und das kann ich auch auf die Politik übertragen, die auch weitgehend eine Männerpolitik ist. Ich glaube nicht, daß Frauen so bedenkenlos Atombomben bauen würden, wie Männer das getan haben. Ich glaube auch nicht, daß Frauen so bedenkenlos Atomkraftwerke bauen würden, ohne zu wissen, wie sie denn mit dem Atommüll fertig

werden. Ich glaube auch nicht, daß Frauen so bedenkenlos eine einseitig ökonomistische Wirtschaftspolitik machen würden wie Männer das tun; sie würden sicherlich intensiver an die ökologischen Folgen ihres ökonomischen Tuns denken.

Copray: *In bezug sowohl auf den Lernprozeß zwischen Frauen und Männern als auch in bezug auf die Liebe zum eigenen Selbst haben Sie vielfach das Modell von Carl Gustav Jung von Animus und Anima herangezogen, um etwas zu verdeutlichen, was offenbar für die Partnerschaft der Menschen in diesem Jahrzehnt und vielleicht im nächsten Jahrtausend von entscheidender Bedeutung ist.*

Alt: Von herausragender Bedeutung in der Geistesgeschichte unseres Jahrhunderts ist, was *C. G. Jung* da gefunden hat. Daß nämlich in jedem Mann auch weibliche Eigenschaften und in jeder Frau auch männliche Eigenschaften und Wesenszüge vorhanden sind. Und daß wir nur, wenn wir die gegengeschlechtlichen Eigenschaften entdecken und uns dazu bekennen und sie zu leben versuchen, ganzheitlich werden können, nicht mehr einseitig nur männlich oder einseitig nur weiblich, also herrisch oder weibisch orientiert sind. Die Entwicklung des Gegengeschlechtlichen macht uns erst zum ganzheitlichen Menschen. Wir sind biologisch als Mann oder Frau auf diesem Planeten, aber psychisch immer auch gegengeschlechtlich orientiert und haben die Möglichkeit, uns auch gegengeschlechtlich zu entwickeln, also androgyn.

»Wir sind zum ersten Mal in einer Situation, in der wir uns ganzheitlich und partnerschaftlich orientieren oder zumindest anfangen, das zu tun und die Einseitigkeiten als solche zu erkennen.«

Copray: *Es gibt eine heftige Kritik von feministischen Psychotherapeutinnen gegen dieses Animus-Anima-Modell. Es wird ihm vorgeworfen, daß Carl Gustav Jung in dieser Konstruktion immer noch sehr stark an männlichen Stereotypen seiner Zeit orientiert war. Die Psychotherapeutin Verena Kast hat vorgeschlagen, davon auszugehen, daß in jedem einzelnen Menschen sowohl unbewußt Animus wie unbewußt Anima vorhanden sind. Das heißt, daß auch die Frau unbewußt noch weibliche Anteile und auch der Mann noch unbewußt männliche Anteile zu entdecken und zu leben hat. Können Sie sich damit anfreunden?*

Alt: Ja, sehr. Natürlich ist *C. G. Jung* nicht am Ende gewesen, auch er war ein sehr prozeßorierter Mann. Ein Heiliger und Vollkommener oder der Ganzheitliche schlechthin war er sicherlich auch nicht. Nach Herausgabe meines mittlerweile siebten C. G. Jung-Buchs sehe ich das immer mehr. Aber er hatte eben noch keinen C. G. Jung; wir haben ihn und können auch von ihm wieder lernen. Also, *Jung* ist nicht als Dogmatiker zu begreifen. Insofern kann ich einen Teil der Kritik auch von *Jung*-Schülerinnen an ihm nachvollziehen. Ich glaube, daß *C. G. Jung* die Kritik teilen würde. Er hat immer vor »Jungianern« gewarnt und gesagt, macht kein Dogma, auch keine Schule aus dem, was ich sage, da muß weitergedacht werden. Ich glaube, daß gerade an dem Punkt, den Sie zitieren, daß auch in uns Männern noch unentdeckte Animusentwicklungen sind, an denen wir arbeiten müssen, *C. G. Jung* überhaupt keine Einwände haben würde. Ich glaube, das kann man nicht gegen ihn ausspielen, das ist ganz in seinem Sinne.

Copray: *Ist denn dieses Denken der ganzheitlichen Partnerschaft, daß Männer und Frauen ungelebte gleichgeschlechtliche und gegengeschlechtliche Urbilder in sich noch zur Entfaltung bringen und dies als Basis nutzen für die Partnerschaft, ist dies eventuell ein Partnerschaftsmodell der Zukunft? Zeichnet sich da etwas ganz Neues, eine neue Qualität* *ab, die wir in dieser Weise bisher so in der Geschichte von Partnerschaft, Liebe und Ehe noch nicht gehabt haben?*

Alt: Wenn ich einige tausend Jahre zurückschaue und wenn ich vielleicht etwas begriffen habe von der Geschichte, dann sehe ich, daß sie bisher immer einseitig geprägt war: etwa 5000 Jahre überwiegend patriarchalisch und vorher viele tausend Jahre wohl auch matriarchalisch. Beides war einseitig und beides endete, wenn wir richtig informiert sind über das, was lange vor uns war, fast immer in Katastrophen, weil immer nur Teile gelebt wurden und das andere unterdrückt wurde, einmal mehr die Männer und ein anderes mal mehr die Frauen oder das Männliche und das Weibliche.

Ich glaube, wir sind jetzt zum erstenmal in einer Situation, in der wir, nachdem jetzt das Männliche, das einseitig Männliche, das große Krebsgeschwür der letzten Jahrtausende gewesen ist, in der wir uns zum ersten Mal in der Evolution des Menschen ganzheitlich und partnerschaftlich orientieren oder zumindest anfangen, das zu tun, und die Einseitigkeiten als solche zu erkennen.

Es gibt viele Feministinnen, die in der Partnerschaft die Zukunft sehen und nicht in einseitigem extremem Feminismus. Es gibt sicherlich auch andere. Also »Emma« ist nicht immer ein Vorbild, denke ich; und es gibt sehr viele Feministinnen, die auch sagen, wir meinen nicht den Austausch, den platten Austausch

von sozusagen bösen Männern gegen gute Frauen, sondern die immer Animus und Anima in jedem von uns sehen. Und das ist etwas, was mir selber in meinen eigenen Vorstellungen, die sehr an Jesus orientiert sind, und an seinen Partnerschaftsvorstellungen, an seinem Vollkommenheits- oder besser müßte man sagen an seinen Ganzheitsvorstellungen entscheidend wichtig ist. So wie wir heute im Bereich der Theologie ein partnerschaftliches und nicht mehr ein einseitig männliches Gottesbild haben, so wird sich auch das Menschenbild in Analogie zum Gottesbild weiterentwickeln, nämlich hin zur Partnerschaft. Ich glaube, daß wir dann eine neue Phase in der Evolution der Menschheit erreichen können. Ich bin nicht sicher, ob wir es erreichen, wir haben nicht nur Atombomben, wir haben auch heute jeden Tag mögliche Naturkatastrophen und ökologische Katastrophen, mit denen wir das Ende der Menschheit bereiten können, aber ich sehe zumindest eine große Chance. Und ich sehe auch immer die Krise als Chance, und das ist etwas, was mir persönlich trotz aller Krisenzeichen, die ich natürlich als politischer Journalist schon sehr deutlich sehe, immer wieder Hoffnung macht.

Copray: *Sie haben das Gottesbild in bezug gesetzt zur Liebesentwicklung, zur Partnerschaft von Frau und Mann. Was hat denn das Gottesbild mit der Partnerschaft von Frauen und Männern zu tun?*

Alt: Wenn wir im Sinne Jesu Kinder Gottes sind, dann hat immer alles, was die Eltern tun und sind, mit den Kindern zu tun – mehr unbewußt als bewußt. Und wenn ich in der Schule Jesu etwas gelernt habe oder dabei bin, etwas zu lernen, dann dies, daß wir alle Kinder Gottes sind und daß dieser barmherzige Vater immer ein sehr mütterlicher Vater ist, also ein partnerschaftlich orientierter, in dem immer männliche und weibliche Eigenschaften sind, die abstrahlen auf uns und von denen wir etwas abbekommen haben. Also wenn wir wirklich uns als Kinder Gottes verstehen im Sinne Jesu, hat das Gottesbild, das wir Menschen haben, sehr viel mit dem Menschenbild zu tun, das wir haben, von uns und von anderen. Ein partnerschaftliches Gottesbild entspricht einem partnerschaftlichen Menschenbild, so wie ein patriarchalisches Gottesbild einem patriarchalischen Menschenbild entspricht.

Copray: *Sie sind ja nicht nur Lebensgefährte Ihrer Frau, sondern auch Familienvater. Dadurch bekommt natürlich die Partnerschaft von Frau und Mann eine andere Dimension und einen anderen Rahmen, da es nicht nur eine Partnerschaft zu zweit, sondern eine Familie zu dritt oder zu viert ist. Wo sind da die Probleme für eine Entwicklung von Frau und Mann? Und wo sind die Chancen? Ich erfahre, daß ich zu zweit ja viel mehr Zeit und Möglichkeit und auch viel mehr variable Zeit gehabt habe, um gewissermaßen die Beziehung miteinander zu pflegen, um gewissermaßen eine Kultur aufzubauen, daß nun Kinder ihre eigenen Ansprüche haben, in die Partnerschaft der Eltern einbrechen und manches schöne Gebäude vielleicht auch zum Einsturz oder vorher erst mal zum Wanken bringen.*

Alt: Das zweite, das letzte ist sicherlich auch richtig, aber das ist nur die eine Hälfte. Natürlich: Kinder brauchen Zeit und nehmen uns auch dadurch Zeit. Aber das ist doch eine große Chance. Also, meine Frau und ich lernen viel von unseren Kindern. Ich denke, wir haben die große Chance, durch das Leben mit Kindern dem Kind in uns wieder einmal zu begegnen. Ich sehe das auch als mögliche Therapie an.

> *»Wenn ich Kinder beobachte, intensiv versuche, mit ihnen zusammenzuleben, begegne ich dem Kind in mir und kann ihm helfen, heil zu werden.«*

Wenn ich *Alice Miller* (zum Beispiel in ihrem Buch »Das Drama des begabten Kindes«, *N. C.*) richtig verstehe und ich denke, ich habe einiges gelernt von ihr, dann sind wir alle in irgendeiner Form geschädigt durch unsere Kindheit. Und wenn wir uns nicht diesen Beschädigungen stellen, dann prägt uns das lebenslang, weil natürlich die Phase der Kindheit eine Phase der Hilflosigkeit ist, je kleiner desto mehr; das beginnt bei der Geburt, wo wir am hilflosesten sind. Dort haben die meisten von uns sicherlich nicht genügend Bestätigung erfahren, nicht weil wir böse Eltern hatten oder nur böse Eltern hatten, sondern weil das recht unbewußt war und weil kleine Kinder in früheren Zeiten noch weniger gegolten haben als heute, weil das Kleine und Schwache noch weniger gegolten hat als heute und weil die Zeit so war, daß Erziehung oft mit Gewalttätigkeit

verwechselt wurde. Übrigens, das geht bis in unsere Jahre hinein. Es gab vor zwei Jahren eine Umfrage. Danach sind über 50% der Deutschen der Meinung, Kinder müssen Prügel bekommen und geschlagen werden. Solche Menschen merken gar nicht, daß sie das eigene Kind in sich schlagen.

Also wenn ich Kinder in ihrem Wachstum und in ihrer Reife und in ihrem Leben mit mir intensiv beobachte, intensiv versuche, mit ihnen zusammenzuleben, begegne ich dem Kind in mir und kann das irgendwann doch einmal gedemütigte Kind und geschlagene und vergewaltigte Kind in mir entdecken. Ich kann ihm helfen, heil zu werden. Insofern ist das eine ganz große Chance. Natürlich brauche ich Zeit für Kinder, aber ich kenne keinen größeren Lehr- und Lebemeister als Kinder neben einer Partnerin oder einem Partner.

Copray: *Es heißt, Kinder könnten sogar Katalysatoren der Beziehung zwischen Mann und Frau sein, nicht Störer.*

Alt: Kinder und Jugendliche. Sie sind sicherlich immer beides, weil man natürlich viele eigene Bedürfnisse hat, und ich denke, daß es auch wichtig ist, diese eigenen Bedürfnisse gegenüber Kindern deutlich zu machen. Aber Kinder brauchen viel Nähe, viel Zeit. Zuneigung, Liebe und Zärtlichkeit gegenüber Kindern heißt immer auch ganz wesentlich: Zeit haben. Ich denke, da darf man sich als Vater oder Mutter nichts vormachen. Die Vorstellung, wieviel Zeit man für Kinder braucht, die habe ich, solange wir keine Kinder hatten, auch nicht gehabt. Das ist eine Erfahrung, die schön ist einerseits, aber manchmal auch bitter andererseits, wieviel Zeit man, wenn man seiner Verantwortung als Vater oder Mutter gerecht werden will, wirklich braucht. Sehr viel Zeit, je mehr desto besser.

Copray: *Nun gehen ja die Kinder oder sagen wir besser: viele junge Menschen heute ganz andere Wege als ihre Eltern im Bereich der Beziehung zwischen Frauen und Männern. Zwei Beispiele: Einmal gehen längst nicht so viele Menschen wie früher Ehen ein, das heißt, es bleibt oft bei der nichtehelichen Lebensgemeinschaft, wie es unschön heißt. Junge Menschen bevorzugen also nicht den Trauschein in erster Linie, oft erst dann, wenn ein Kind unterwegs ist oder beabsichtigt. Zweitens, das haben Sie auch selbst notiert, beobachten Sie bei vielen jungen Menschen eine Sexualität ohne Schuld und ohne Konsumorientierung. Zeichnet sich bei den jungen Menschen ein ganz neues Verhältnis zur Partnerschaft von Frau und Mann ab?*

Alt: Also bei einem Teil der jungen Leute, die ich kenne, sehe ich das schon. Und da ist weniger Angst vor Einübung, da ist weniger

Angst, etwas zu tun, was man oder frau früher nicht getan hat, da ist mehr Spüren und Fühlen der eigenen Bedürfnisse. Und das finde ich einen ganz großen Fortschritt. Das ist mit Unsicherheit verbunden, aber auch mit ganz großen Chancen. Ich denke, daß das, wenn es weniger gesetzesorientiert ist als früher und mehr den inneren Bedürfnissen entspricht, zu mehr Glück und mehr Freiheit und wahrscheinlich zu vertiefteren Partnerschaften führt. Auch das ist ein Teil des Optimismus, den ich insgesamt habe, wenn ich unsere Entwicklung sehe.

»Ich glaube wirklich, daß vertiefte Partnerschaften, mehr Liebe zwischen Mann und Frau, die Voraussetzung für eine andere Gesellschaft, auch für eine neue Politik ist.«

Ich glaube wirklich, daß vertiefte Partnerschaften, mehr Liebe zwischen Mann und Frau, die Voraussetzung für eine andere Gesellschaft, auch für eine neue Politik ist.

Copray: *Auch hier ist festzustellen, daß vermutlich die Position der Kirchen jahrzehntelang dazu geführt hat, daß junge Menschen nicht lernen konnten, Intimität, Liebe, Umgang zwischen Frau und Mann einzuüben, sondern erotische Intimität dann sehr plötzlich und auf einmal können mußten, was dann natürlich nicht funktionierte. Junge Menschen nehmen sich heute eher das Recht, erotische Intimität schrittweise einzuüben und zu lernen, was in den Augen kirchlicher Vertreter und kirchlicher Texte oft herabgesetzt und verworfen wird, weil es grundsätzlich schlecht sei.*

Alt: Ich denke, daß mit die schlimmsten Dinge, die die Kirchen zu verantworten haben, die millionenfachen Sexualneurosen sind, die die Kirchen durch eine nicht nur körperfeindliche und leibfeindliche, sondern auch wirklich sexualfeindliche und frauenfeindliche Einstellung über beinahe zwei Jahrtausende geprägt haben. Das ist wahrscheinlich das größte Lernfeld, das eine geschwisterliche Kirche anstelle einer Männerkirche vor sich hat, und daran wird sich zeigen, ob sie reifen kann oder nicht, daran wird sich auch zeigen, ob sie Zukunft hat oder nicht. Ich glaube, daß die reinen Männerkirchen wirklich Auslaufmodelle sind. Ich glaube, *Uta Ranke-Heinemann* bezeichnet sie so und ich denke, mit vollem Recht.

Copray: *Zur erotischen und sexuellen Partnerschaft gehören ja Lust, Freude, wenn nicht gar Spiel!*

Alt: Vor diesen Begriffen wie Freude und Spiel in der Sexualität, die wesentlich zur Liebe gehören und zur Atmosphäre der Liebe gehören, hat die Kirche am meisten Angst. Aber ich denke, daß dies zentral ist. Eine Partnerschaft, eine Sexualität ohne Spiel, eine Partnerschaft, eine Sexualität ohne Freude und Lust ist nun wirklich keine partnerschaftliche Sexualität. Das wäre auch widernatürlich. Und solange die Kirche eine widernatürliche Sexualmoral anzielt, ist es gut, wenn sie von den Menschen nicht mehr ernstgenommen wird. Das hilft den Menschen, auch in der Kunst der Partnerschaft. ■

Lieben mit Leib und Seele

Norbert Copray

Liebe ist unteilbar – oder sie ist nicht. Liebe ist ganzheitlich – oder sie ist nicht. Liebe ist umfassend und befreiend – oder sie ist nicht. Liebe überschreitet alle Grenzen – oder sie ist nicht. Liebe verbindet Gegensätze, stiftet Gemeinschaft, zeugt neues Leben – oder sie ist nicht Liebe.

Wer zu einem Menschen sagt: »Ich liebe Dich!«, aber nur seinen Leib oder nur seine Seele oder nur seine Stärken oder nur seine Not oder nur sein Umfeld oder nur seine Berührung meint oder es gar ausschließen will, mit ihm immer mehr in eine alle Dimensionen umfassende Liebe vorwärts zu schreiten, der liebt nicht wahrhaft und umfassend.

Ein solcher Mensch will besitzen, will genießen, will sich spiegeln, will seine Einsamkeit überwinden, will herrschen, will sich bereichern und sich mit einem Partner oder einer Partnerin schmücken. Liebe will ich das nicht nennen. Nur ungeteilte, ganzheitliche Liebe kann Trennungen und Getrenntes bewältigen, kann Zerrissenes und Gestörtes heilen. Wer Liebe auseinanderreißt in unerotische Barmherzigkeit und gnadenlose Erotik, der reißt auseinander, was Gott selbst – nicht zufällig – als Einheit von Erotik und Barmherzigkeit gewollt und geschaffen und dem Menschen in Seele und Leib hineingeschrieben hat: die Liebe, die nach urchristlichem Zeugnis Gott selbst ist. Barmherzigkeit ist die Liebesweise, mit der ich sensibel und offen bin für die Not und die Armut, für die Liebes- und Zuwendungsbedürftigkeit anderer. Dadurch erhalte ich die Chance, mich als Mit-Mensch selbst zu verwirklichen. Wo ich betroffen werde von der Not eines anderen Menschen, zieht sich mein Herz zusammen. Das Erbarmen, das ich spontan und unwillkürlich erlebe, ist meine Offenheit für und meine Betroffenheit durch andere. Wenn ich helfe, Strukturen zu verändern, politische Prozesse zu beeinflussen, mich mit Menschen in Problemsituationen zu solidarisieren, dann wird meine Nächstenliebe praktisch. Barmherzigkeit erweist sich darin als eine alle Sinne in Anspruch nehmende, sanfte Befreiungspraxis. Denn kann man mit einer *lust*losen Barmherzigkeit anderen Menschen gerecht werden? »Ohne körperliche Lust am Nächsten ist die Nächstenliebe aufgesetzt und unfruchtbar. Ohne das Einüben in die erotische Liebe verliert die Nächstenliebe die Eigenschaft der Liebe und wird bloß funktionales Denken und Handeln für ›einen guten Zweck‹. Unerotische ›Nächstenliebe‹ kann zwar Schmerzen lindern und Wunden heilen, doch die Ursache und Wunde, nämlich die Unfähigkeit zur Liebe, bleibt bestehen«, schreibt der Psychotherapeut *Peter Schellenbaum* in seinem Buch »Das Nein in der Liebe«.

Erotische Barmherzigkeit

Erst eine *erotische* Barmherzigkeit wahrt die Ganzheitlichkeit der Liebe, weil sie offen ist für die vollkommene Liebe und sehnsüchtig auf sie hofft. Wer sich mit der Vorstellung einer erotischen Barmherzigkeit schwer tut, wer Hemmungen spürt, die Liebe in all ihren Dimensionen wahrnehmen und gelten zu lassen, ist häufig Opfer einer ihm unbewußten Angst. Es ist die Angst, gerade durch die gefürchtete erotisch-sexuelle Dimension Kopf und Kragen zu verlieren, seiner selbst nicht mehr sicher sein zu können und dem einfachen Begehren zu erliegen. Es ist die Angst vor den undurchschauten Mechanismen der Erotik, die einen Menschen in den Bann schlagen und ihn zu ungewolltem Verhalten zwingen kann. Hinter einer solchen Angst verbirgt sich letztlich die Grund-Angst um sich selbst und der verzweifelte Versuch, der eigenen Freiheit durch möglichst viele Verbote und Hemmnisse zu wehren.

Es ist in der Tat ein schwerwiegendes Problem, wie in sich selbst unfreie Menschen überhaupt eine menschengemäße Liebe leben können, die selbst zur Ganzwerdung und zur Ganzheit des Menschen beiträgt und nicht die eigene Ängstlichkeit um sich selbst auf den anderen überträgt. In sich unfreie, von der Angst gefangene Menschen werden weder erotisch wirken noch irgendeine Form grenzenüberschreitender Liebe leben können. Und wie sehr die eigene Unfreiheit und die Angst um sich selbst in neuer Abhängigkeit gespiegelt wird, wissen wir nicht nur aus Fehlformen der Erotik, sondern auch aus Fehlformen der Barmherzigkeit, die dann keine Liebe sind: Auch Helfen kann zur Sucht werden, wenn der Helfer den Hilfsbedürftigen braucht, um überhaupt jemand zu sein und seine eigene Bedürftigkeit in krankhaftem Narzißmus zu befriedigen. Erotische Barmherzigkeit entfaltet sinnenhafte Freude, Lust an der Begegnung mit anderen mit zärtlichen Gesten der Berührung. Von ihr werden alle sagen können: Es war nicht »nur« Hilfe, nicht »nur« Barmherzigkeit, – es war Liebe. Dabei wird deutlich: »Eros ist eine tiefgreifende Offenheit der menschlichen Person und das innerste Verlangen, das den Menschen fähig macht, die unverdiente Gnade Gottes festlich zu empfangen« *(Karl Rahner)*. Demzufolge hat selbst die »geistigste« Liebe des Menschen immer auch eine erotische Grundlage, derer sie sich nicht zu schämen braucht.

Erotische Barmherzigkeit führt ein in die Stufenleiter der Solidarität, der Freundschaft, der Zärtlichkeit. Sie verlangt die Fantasie, Liebe in vielen verschiedenen Begegnungen mit anderen Menschen Gestalt werden zu lassen und der patriarchalisch-phallischen Fixierung von Erotik auf Sexualverkehr zu trotzen. Es gibt sehr unerotische Sexualität, die nicht auf Verbundenheit eigenständiger Menschen, sondern auf Abhängigkeit aus und deshalb unbarmherzig ist. Aber es gibt keine nichtsexuelle Erotik. Denn lieben, barmherzig sein, einander nahe und Nächste werden, können wir nur als ganzheitlicher Mann oder als ganzheitliche Frau, können wir nur mit Seele *und* Leib.

Aus der Arbeit mit behinderten Menschen, durch die Teilnahme meiner Tochter an einem

Manchmal ist mir die
Liebe zu dir

viel zu eng, zu vorder-
gründig,
zu klein und weltver-
schlossen.

Es klopfen die
Hungernden
aus Afrika an,
und ihre großen Augen
fragen mich,
was meine Liebe zu dir
für sie tut.

Oder ich höre die Wale,
meine besonderen
Freunde,
wie sie ihr immer länger
werdendes Lied
vom Tod wiederholen,
während sie ihre
gewaltigen Körper
auf und nieder hieven.

Ich spüre die Seelen der
Bäume
und wie sie in ihrer
Weisheit
die Anzahl ihrer Zapfen
verdoppeln,
um zu überleben.
Ihre gezählten Tage,
bevor sie zu grauer
Wüste werden.

Die Unterdrückten aus
Südafrika
stellen sich zwischen
dich und mich
und fragen, ob unsere
Liebe
bis zu ihnen reicht.

Aus goldenen Verliesen
winken die seelisch
Kranken
der beneideten Ersten
Welt.

Ihre Not zählt nicht,
weil sie nicht hungern
und alles haben,
nur sich selbst nicht.

Und in einem Ruck des
Erkennens
weiß ich plötzlich,
daß jede Liebe
mit jeder anderen Liebe
verbunden sein muß,
wenn sie sich Liebe
nennen will.
Was ich für dich fühle,
hat Konsequenzen für
die Welt,
oder ich betrüge mich
nur selbst.

Ulrich Schaffer

[redacted]

integrativen Kindergarten, an einer integrativen Schule, weiß ich um die Schwierigkeiten einer erotischen Barmherzigkeit. Wer sich den Schwierigkeiten nicht stellt, wer seine anfänglichen Ekel- und Schamgefühle, seine Aggression und seine Fluchttendenzen weder sich noch anderen eingestehen kann, der wird auch nicht fähig, den behinderten Menschen in seiner Würde zu erfahren. Ich werde mit meinem eigenem Behindertsein konfrontiert, mit dem Ekel vor Teilen meiner eigenen Persönlichkeit. Nur durch diese Erfahrung hindurch erschließt sich mir der behinderte Mensch, wird seine Ausstrahlung und seine Wärme, seine Fähigkeit, mir Barmherzigkeit, ja Liebe zu ihm zuzutrauen, wichtig.

In der Alltagsroutine scheint Hilfe oft schon das Beste zu sein, was wir, was Krankenschwestern, Zivildienstleistende, Pfleger zu bieten haben. In der Tat: Wenn wir die Frage nach den sozialen Strukturen und Bedingungen nicht stellen, in denen Barmherzigkeit gelebt werden soll, bleibt uns die Sehnsucht nach ganzheitlicher Liebe und erotischer Barmherzigkeit ein Rätsel. Für erotische Barmherzigkeit plädieren heißt auch, gegen Bedingungen protestieren und Strukturen durchbrechen, die Helfer und Hilfsbedürftige auf dem niedrigen und kostengünstigen Level einer verkürzten Barmherzigkeit halten wollen.

Barmherzige Erotik

Was viele Menschen veranlaßt, die Vorstellung von einer erotischen Barmherzigkeit und einer ungeteilten Liebe abzuwehren, sind im übrigen auch kirchlich und bürgerlich verengte Bilder von Erotik. Darin werden Pornographie, Prostitution, Kinderverführung, Treulosigkeit, Ehebruch, sittliches Chaos und die stumpfe Fixierung auf den alles beherrschenden Geschlechtsverkehr mit Erotik und Sexualität gleichgesetzt. Um die eigenen Fantasien und das eigene ungelebte erotische Leben ruhig zu halten, wird auf alles eingedroschen, was auch nur annäherungsweise nach Erotik und Sexualität aussieht. Aber alle Verirrungen und Verwirrungen der Erotik und Sexualität bleiben auch in ihrer größten Verzerrung ein menschliches Zeugnis von der Sehnsucht nach einer Liebe, die alle Sehnsucht stillt, alle Leere füllt und alle Wunden heilt.

Es nützt nichts, mit Verboten Schaden von der Liebe und der Menschlichkeit abwenden zu wollen. Wichtiger ist es, den Ursachen der Verzerrungen und Defizite bei den Menschen auf den Grund zu gehen und ihrer Angst mit befreiender Liebe und vergebendem Neuanfang zu begegnen.

Die kirchlichen und bürgerlichen Klischees von Erotik und Sexualität geben nicht den menschlichen Reichtum, sondern die menschliche Armut an Erotik wieder. Sie spiegeln eine unbarmherzige, gnadenlose Erotik, die keine Liebe ist, weil sie die Liebeswürdigkeit des anderen nur ausbeuten, aber nicht achten, nicht ehren, nicht schützen will.

Wo Menschen einander in der Erotik die Barmherzigkeit versagen und auf diese Weise die Liebe zerteilen und abtöten, da vertiefen sie Wunden, schaufeln sie einander Gräben und Gräber.

Die Gefahr der unbarmherzigen und lieblosen Erotik, die wir lieber kranke Liebe oder schlichtweg Gewalt nennen sollten, dürfte auch einer der Gründe gewesen sein, warum der christlichen Tradition im Laufe der Zeit der eigene Reichtum an erotischer Kultur verloren gegangen ist. Im Hebräischen gibt es wie in der deutschen Sprache ein Wort für »lieben«: *ahab,* und eines für »Liebe«: *ahaba.* Es schillert in vielen Bedeutungen und wird eindeutig erst im Zusammenhang seiner Verwendung. Bei der Übersetzung der altjüdischen Schriften und des Alten Testaments ins Griechische ging der Reichtum des Wortes verloren, weil die Übersetzer das Wort *agape* für »lieben« bevorzugten; ein farbloses und wenig aussagekräftiges Wort, das erotische Elemente aus der Bedeutung heraushält und eher Anerkennung und freundliche Zuwendung meint. Die alten Griechen und Römer kannten keinen Oberbegriff für Liebe, so daß sich die Übersetzer entscheiden mußten. Indem sie sich aber für *agape* entschieden, legten sie offenbar auch die christliche Tradition darauf fest. So empfiehlt Paulus in seinem Epheserbrief den Eheleuten *agape,* also mildtätiges, freundliches Wohlwollen. Von *agape* ist auch die Rede im Blick auf die Sünderin, die Jesu Füße mit ihren Tränen benäßt und mit ihren Haaren trocknet. Jesus spricht ihr Vergebung zu, weil sie viel geliebt habe (Lukas 7,47), wobei der Zusammenhang des Textes offensichtlich mehr meint als lieben im Sinne von *agape.*

Indem die biblischen Übersetzer und Autoren das Wort *agape* bevorzugten, wollten sie vermeiden, daß Liebe mit Begehrlichkeit und Begierde identifiziert wird, weil die Erotik in der antiken Welt oft so gedeutet wurde. Damit aber verlor das Christentum die Sprache einer erotischen Kultur und verschärfte den Unterschied zwischen barmherziger Erotik und erotischer Barmherzigkeit zum Gegensatz zwischen sexueller Begierde und karitativer Sorge. Wenn es gelänge, im Christentum die ganzheitliche Sicht der Liebe, die Einheit von Eros, Freundschaft und Barmherzigkeit als unteilbare Liebe wiederzugewinnen, dann wären auch neue Horizonte einer (christlichen) Kultur der Erotik wiederzuentdecken.

Erotik ist *eine* Liebesweise, wo der Mensch sagt: »Ich brauche Dich, um ein ganzer Mensch zu werden und zu bleiben, um ein liebender Mensch zu sein.« Nicht im Sinne des Konsumierens, sondern im Sinne des Angewiesenseins und der Hilfe: Ich brauche dich, um meiner Liebe Richtung, Inhalt, Sinn und Gestalt zu verleihen. Der erotische Mensch ist fasziniert vom Reichtum eines anderen Menschen; er vermag sich darin zu spiegeln, so daß er sich zusammen mit dem anderen Menschen als ganzer, heiler, ungeteilter Mensch wahrnimmt, eben als geliebtes Individuum, zu dem er sich berufen fühlt und wonach er sich sehnt.

Lustvolle Liebe

Erotik ist lustvolle Liebesbeziehung zu Menschen, die nicht nach Verschmelzung sucht, sondern die sich daran erfreut, gemeinsam immer neue Schritte der Selbständigkeit und Verbundenheit gleichermaßen zu gehen. Nur liebevolle Erotik läßt sich auf die Verletzlichkeit und Verwundbarkeit von Menschen ein, spendet Trost und gibt Hoffnung. So wie nur liebevolle Barmherzigkeit Verletzungen und Wunden wahrhaft zu verbinden und zu heilen vermag. Lustlose Barmherzigkeit sucht nur die soziale Versorgung sicher zu stellen, ohne sich

für die tatsächlichen Ursachen der Verletzungen und Wunden zu interessieren. Unbarmherzige Erotik kennt keinen Platz für Rollenveränderungen, für Eltern- und Altwerden, für Not und Bedürftigkeit der anderen. Liebe ist da, wo auf die Einheit von Barmherzigkeit und Erotik hin gelebt, gehandelt und geliebt wird.

Bitte

Sei sanft, wenn du kannst, das Leben
Ist sowieso hart und schwer.
Vielleicht hat es das früher gegeben,
Jetzt gibt es das nicht mehr:
Leicht sein und einfach leben
Ohne Nutzungs- und Musterungs-
schein.
Wenn wir uns nicht Liebe geben,
Uns umfangen und uns erheben,
Betonieren sie uns ein.

Eva Strittmatter

Nun geht es nicht darum, neue Forderungen aufzustellen, die der Sehnsucht und Notwendigkeit einer ganzheitlichen Liebe entspringen. Wichtig ist, sich selbst wahrzunehmen als ein Mensch, der immer wieder aus Angst und mangelnder Bewußtheit Formen geteilter und kranker Liebe aufsitzt, ja der sich selbst in einer Weise begegnet, die eher Mißtrauen und Ablehnung, denn Barmherzigkeit und Erotik ist. Doch der Weg von der Unfähigkeit, sich selbst und andere mit Leib und Seele zu lieben, zur Fähigkeit ungeteilter Liebe kennt ein Geheimnis, das zu helfen und zu heilen vermag. Dieses Geheimnis heißt: Zärtlichkeit. Nicht Sentimentalität, nicht Weinerlichkeit, nicht Romantik, sondern die vorurteilsfreie, zarte und tastende Annäherung an Leib und Seele, bei sich selbst und dann bei anderen. Wo Menschen durch Zärtlichkeit der ganzheitlichen Liebe näher zu kommen suchen, da werden sie zu Vorkämpfern der Freundschaft mit Fremden, mit Asylanten, mit Menschen ohne Obdach und Würde, weil sie aus der behutsamen Annäherung an die eigene Fremdheit und Ungeborgenheit solche Menschen zu verstehen und zu lieben lernen. Auch politisches Handeln bekommt dadurch sein menschliches Maß und seine Liebesdynamik. Wo Menschen mit Zärtlichkeit Brücken zwischen Erotik und Barmherzigkeit schlagen, werden Umarmungen und Worte zu Triebkräften einer Ökologie der Liebe allen Lebens. Solche »Liebe kennt keine Angst. Wahre Liebe vertreibt die Angst« (1 Johannes 4,18). ■

Dr. Norbert Copray M. A., geboren 1952, ist ZEIT & GEIST-Herausgeber und -Redakteur. Als Philosoph, Diplomtheologe und Therapeut leitet er in Frankfurt am Main das »Haus der Begegnung für junge Erwachsene« sowie das »Institut für Tiefenpsychologie und Philosophie« in Oberursel im Taunus.

Wir dürfen die Menschen nicht so lieben, wie die Feinschmecker ihren Hühnerbraten lieben. Alle Speisen lieben wir nur, um sie zu vernichten und uns durch sie zu erquicken. Dürfen wir aber die Menschen lieben, um sie zu vernichten? Es gibt jedoch eine Liebe des Wohlwollens, die uns dazu führt, diejenigen zu beschenken, die wir lieben. Wie aber, wenn das Schenken unmöglich ist? Dann genügt das Wohlwollen allein für die Liebe. Wir dürfen nicht wünschen, es möge Unglückliche geben, damit wir die Werke der Barmherzigkeit üben können. Du gibst dem Hungrigen Brot, aber es wäre besser, niemand würde hungern, so daß du dein Brot behalten könntest. Du kleidest den Nackten, aber besser wäre es, wenn alle genügend Kleidung hätten und keinen Mangel daran litten. Du begräbst den Toten. Käme nur bald jenes Leben, in dem niemand stirbt! Du versöhnst die Entzweiten. Möchte doch endlich der ewige Friede Jerusalems einbrechen, in dem keine Zwietracht herrscht. All diese Werke sind allein aus der Not geboren. Nimm die Not weg, und die Werke der Barmherzigkeit hören auf! Aber wenn auch die Werke der Barmherzigkeit aufhören, wird dadurch etwa das Feuer der Liebe verlöschen? Aufrichtiger liebst du einen glücklichen Menschen, dem du nichts zu geben hast. Reiner wird diese Liebe sein und viel ehrlicher. Denn wenn du einen Unglücklichen beschenkst, dann könntest du dich vielleicht über ihn erheben und dir einbilden, er stehe auf einer tieferen Stufe als du, weil er deine Wohltaten empfangen hat. Er war in Not, und du hast ihm geholfen. Wegen dieser Hilfe scheinst du gleichsam höher zu stehen als der, dem du helfen konntest. Wähle einen Gleichgestellten, und dann beugt euch beide unter den einen, der keiner Hilfe bedarf.

Augustinus

Bibel und Partnerschaft

Katharina Elliger

Bibel und Partnerschaft – ist das nicht ein Widerspruch? Wenn man bedenkt, wie abhängig und unfrei die Frau im alten Israel und im Judentum war! Ein partriarchalisches Gesellschaftssystem setzt ja grundsätzlich die Verfügungsgewalt des Mannes über die Frau voraus. So vertrat auch in biblischer Zeit der Mann seine Familie in der Öffentlichkeit, er vertrat sie auch vor Gott. Ihm gehörte Haus und Grundbesitz, er hatte in der Ratsversammlung Sitz und Stimme.

Die Frau gehörte zum Besitz des Mannes wie Gesinde und Vieh (Exodus 21,3), und sie wurde die »Beherrschte des Herrn« (Deuteronomium 22,22). Er kaufte sie für einen angemessenen Brautpreis dem Vater ab, und so wechselte das Mädchen aus der Hand des Vaters oder älteren Bruders in die des Mannes. Nur Witwen waren selbständiger, damit aber auch schutzloser. Empörend finden wir es, daß ein Vater seine ausdrücklich als jungfräulich bezeichneten Töchter einer Horde geiler Männer preisgibt, um das Gastrecht nicht zu verletzen (Genesis 19,1–11; vgl. Richter 19,22–30), daß ein Mädchen vom eigenen Vater in die Sklaverei verkauft werden kann (Exodus 21,7–11), daß eine Frau, der willkürlichen Eifersucht des Mannes ausgeliefert, in einem demütigenden Ritual ihre Unschuld beweisen muß (Numeri 5,11–31), ja daß der Mann sogar ihre Gedanken und Gefühle kontrollieren darf (Numeri 30). Die Frau wird kaum noch als Person wahrgenommen. Wo sollte es da Raum für Partnerschaft geben? Allerdings findet sich dieses negative Bild von der Frau fast ausschließlich in den Gesetzestexten.

In der Erzähl- und Weisheitsliteratur sieht es etwas besser aus. Da ist die Frau nicht einfach eine Gefangene des Mannes. Sie ist uneingeschränkte Herrin im häuslichen Bereich, und das ist, im Unterschied zu unserer heutigen Einschätzung, nicht minderwertig im Vergleich zu den Aufgaben des Mannes. Nie hören wir, daß der Mann sich in ihre Angelegenheiten eingemischt hätte. Im Gegenteil, voll Bewunderung nimmt er ihre Fähigkeiten und Leistungen war, wie der große Lobpreis der Frau im Buch der Sprüche zeigt (Sprüche 31,10–31). Da geht es ja nicht nur um Hauswirtschaft. Sie schließt auch Kaufverträge ab über so große Projekte wie einen Weinberg, und zwar mit selbsterwirtschaftetem Geld. Man spürt, wie sie mit beiden Beinen im Leben steht: »Kraft und Hoheit ist ihr Gewand, und sie lacht des kommenden Tags« (Sprüche 31,25). Eine solche Verteilung der Rollen und Aufgaben scheint für Eheleute kein Problem gewesen zu sein.

Selbstbewußtsein und Selbständigkeit

Selbstbewußtsein und Selbständigkeit, die wir heute als Voraussetzung für eine stabile Beziehung ansehen, zeichnen im Alten Testament auch außer Haus viele Frauen aus, zum Beispiel Mirjam, Debora, Hulda, Rebekka, Abigajil, Hanna, Rut. Immer wieder sind wir erstaunt, daß die Frau durchaus die Möglichkeit hatte, die ihr von der Gesellschaft gesetzten Grenzen zu durchbrechen, und zwar durchaus mit dem Einverständnis ihres Mannes.

Ohne seine Zustimmung hätte wohl kaum die »Frau aus Schunem« ihre Beziehung zu Elischa über viele Jahr hin aufrecht erhalten können (2 Könige 4,8–37). Hier haben sich die Machtverhältnisse zwischen Mann und Frau geradezu umgekehrt. Zuerst lädt die Frau Elischa zum Essen ein. Als er öfter vorbeikommt, richtet sie ihm ein Dachzimmer in ihrem Haus ein. Um sich erkenntlich zu zeigen, verspricht Elischa der kinderlosen Frau einen Sohn. Als dieser herangewachsen ist – solange dauert schon die Beziehung –, stirbt er. Sie kümmert sich weder um die Beerdigung noch um ihren Mann, sondern läßt ihren Esel satteln und reitet zu ihrem Gottesmann. Ihr Mann, der bis dahin überhaupt keine Rolle gespielt hat – ist er so großzügig, daß er die Beziehung seiner Frau toleriert, oder hat er gar nichts zu sagen? –, fragt nicht, warum seine Frau gerade jetzt zu Elischa reitet, er wundert sich nur, daß sie das tut, obwohl doch weder Neumond noch Sabbat ist. Offenbar besucht sie ihn regelmäßig an Sonn- und Feiertagen.

Die Frau kann durchaus für ihre Bedürfnisse sorgen, sogar für ihre erotischen und sexuellen. Michal zum Beispiel, die Tochter Sauls, verliebte sich in David. Nur deshalb konnte Saul die Liebe der beiden jungen Leute für seine Intrige gegen David benutzen (1 Samuel 18,17–30). Die junge Witwe Rut kroch in der eindeutigen Absicht, mit Boas zu schlafen, nach der Erntearbeit des Tages auf der Tenne unter seine Decke (Rut 3,7–9). Mag für sie dabei auch gesellschaftlicher Druck und materielle Not eine Rolle gespielt haben, sie wird kein Einzelfall gewesen sein. Und ob Batseba rein zufällig auf dem Dach ihres Hauses badete oder ob sie es tat, um von David gesehen zu werden, sie setzte damit eine Lawine von Leidenschaft in Gang (2 Samuel 11,2–4). Ebenso konnte die Frau mehrere Männer haben, wie das Gespräch Jesu mit der Samariterin zeigt (Johannes 4,16f.). Daß es sich um eine Prostituierte gehandelt hätte,ist unwahrscheinlich, sonst wäre nicht ausgerechnet von sechs Männern die Rede. Auch nicht, daß sie fünfmal Witwe geworden wäre. Und wäre sie als Ehebrecherin bekannt gewesen, dann wäre sie wohl nicht immer wieder geheiratet worden. Vielleicht erhielt sie immer wieder einen Scheidebrief, und wir wissen, welch geringfügiger Anlaß dazu reichte. Jetzt jedenfalls lebt sie unverheiratet mit einem Mann zusammen. Zwar ist sie wegen ihrer vielen Männer aus der moralischen Ordnung ihrer Gesellschaft herausgefallen, sonst würde sie nicht möglichst ungesehen in der Mittagshitze Wasser holen. Aber Jesus verurteilt sie deswegen nicht.

Die Bibel setzt Grenzen

Freilich, mit Partnerschaft, so wie sie heute verstanden wird, haben alle diese Beziehungen nichts zu tun. Partnerschaft als Zusammenleben zweier Menschen, die gegenseitig ihre Freiheit und Gleichheit respektieren, die materiell und emotional voneinander unabhängig sind und sich nicht (ge-)brauchen, um gegensätzliche Bedürfnisse zu befriedigen, wird immer dringlicher von Frauen gefordert (Strahm, D., Aufbruch zu neuen Räumen, Freiburg/ Schweiz ²1989, 136; Süssmuth, R., Artikel Partnerschaft, in: Frauenlexikon, hg. von A. Lissner, R. Süssmuth, K. Walter, Freiburg 1988, 883–898.)

Einen so modernen Begriff auf die biblischen Verhältnisse anzuwenden, ist nur mit äußersten Vorbehalten möglich. Gewiß sind Liebe, Erotik, Sexualität und überhaupt zwischenmenschliche Beziehungen universale und zeitlose Phänomene. Zugleich aber unterliegen sie in ihrer konkreten Ausprägung einem gesellschaftlichen und kulturellen Wandel. Die Bibel gehört einem ganz anderen Kulturkreis, einer ganz anderen Zeit an. Ihre Vorstellungen, vor allem ihre Moralvorschriften, aber auch ihre anthropologischen Voraussetzungen sind uns in vielen Bereichen nicht mehr nachvollziehbar. Außerdem ist die Bibel von Männern geschrieben, das heißt, sie spiegelt männliche Erfahrungen und Interessen wider. Die Belange der Frau kommen nicht zur Sprache. Die Frau wird vom Mann her gesehen und definiert. Wenn also biblische Texte auf unsere Frage nach Partnerschaft Auskunft geben sollen, so gelingt das nur durch eine vergleichende Gegenüberstellung unserer heutigen und der damaligen Verhältnisse. Zudem müssen wir wohl auch den feministischen Anspruch an Partnerschaft zum Teil reduzieren, zum Teil aber auch erweitern. Denn genauso wichtig wie die gegenseitige Abgrenzung von Rechten und Pflichten ist die Sorge darum, daß das Zusammenleben gelingt, und dazu bedarf es der Teilnahme des anderen. So verstanden, läßt manches darauf schließen, daß Partnerschaft, auch wenn von ihr nicht ausdrücklich die Rede ist, auch damals gelebt werden konnte. Versuchen wir, einigen Aspekten nachzugehen.

Gleichheit von Mann und Frau

Die grundsätzliche Aussage über die Gleichheit von Mann und Frau steht in der Schöpfungsgeschichte. Ich meine nicht den älteren der beiden Berichte (Genesis 2,19–25), der mehr Probleme als Klarheit gebracht hat. Da wird die Frau von Gott aus der Rippe des Mannes geschaffen, weil dieser sich einsam fühlt. Zwar wird, nicht zuletzt durch feministische Kritik, die »Hilfe, die zu ihm paßt«, heute gern zu einer seinsmäßigen »Ergänzung«, zu einem gleichwertigen »Gegenüber«, sogar zu einer »Retterin«, ohne die der Mann nicht lebensfähig wäre. Dennoch bleibt die Frau die Zweite, die Sekundäre, die ihre Existenz dem Mann verdankt. Von Partnerschaft – und das entsprach ja auch der Wirklichkeit des biblischen Schriftstellers – kann keine Rede sein. Das sieht im jüngeren Schöpfungsbericht freundlicher aus. Da heißt es lapidar: »Und Gott schuf den Menschen nach seinem Bilde, nach dem Bilde Gottes schuf er ihn; als Mann und Frau erschuf er sie« (Genesis 1,27). Nichts von Unterschieden und Vorrangigkeit. Allerdings, schon im folgenden Vers werden männliche Verhaltensweisen verlangt. Die beiden sollen sich die Erde untertan machen und über sie herrschen. Und schließlich zeigt eine parallele Aussage desselben Verfassers, daß der Mensch eigentlich Mann ist (Genesis 5,1 f.). Auch wenn Adam hier kollektiv »der Mensch« bedeutet, so liefert doch er, der männliche Mensch die Bezeichnung für den Menschen überhaupt, und der »Gottebenbildlichkeit des Menschen« entspricht die »Menschenähnlichkeit Gottes« (Gerstenberger, E. S., Jahwe – ein patriarchaler Gott?, Stuttgart 1988, 97, 125, 141).

Von einer grundsätzlichen Bezogenheit aufeinander, wenn auch nicht ausdrücklich von Mann und Frau, spricht außerdem eine von Kohelet (4,9–12) geäußerte Lebensweisheit:

»Zwei sind besser dran als einer allein,
so haben sie doch einen guten Lohn für ihre Mühe.
Denn wenn sie hinfallen, richtet einer den anderen auf.
Doch wehe dem, der allein ist, wenn er hinfällt, ohne daß einer bei ihm ist, der ihn aufrichtet!
Und: Wenn zwei zusammen schlafen,
wärmt einer den anderen;
einer allein – wie soll er warm werden?«

Es geht um eine menschliche Grundsituation. Solange ein Mensch niemanden hat, der ihm aufhilft, menschliche Wärme mit ihm teilt, zu ihm steht, ist anderes Glück sinnlos. Wenn aber zwei gleich stark sind, gleich wichtig, gleich bedürftig, gegenseitig füreinander da – ist das nicht (trotz des leisen Verdachts auf ein gewisses Zweckdenken) ein Stück gelebter Partnerschaft?

»Wenn zwei
zusammen schlafen,
wärmt
einer den anderen;
einer allein –
wie soll er warm
werden«
Kohelet

Beispiel: Ehe im Alten Testament

Wie Ehe gelebt wurde, können wir allenfalls soziologisch, kaum jedoch konkret erheben. Von Anfang an steht in Israel die Monogamie gleichwertig neben der Polygamie. Das ist nicht verwunderlich, wenn man bedenkt, daß der Besitzstand gewahrt werden sollte, aber die Kindersterblichkeit hoch war. Die kinderlose Ehefrau mußte ihrem Mann eine Magd als Ersatz anbieten. Das war ein Rechtsvorgang. Die Kinder der Magd galten dann als legitime Kinder der Ehefrau. (Ist unsere Leihmutter-Idee davon so weit entfernt?) Außerdem konnte sich jeder Mann je nach Vermögen eine oder mehrere Nebenfrauen leisten. Daß freilich solche polygamen Ehen nicht einfach waren, liegt auf der Hand. Auch wenn wir über die Gefühle der Betroffenen nichts erfahren, auch wenn wir nicht wissen, ob Sexualität überhaupt etwas mit Liebe zu tun hatte – die Kränkungen müssen oft unerträglich gewesen sein. Sonst hätte wohl Sara ihre schwangere Magd Hagar nicht so schikaniert, daß diese in die Wüste floh (Genesis 16,4–6) – die klägliche Rolle, die Abraham in dieser Tragödie spielte, bleibe nicht unerwähnt –, sonst hätte die unfruchtbare Rahel nicht ihr Leben als »Kampf« gegen ihre fruchtbare Schwester Lea verstanden (Genesis 30,8), sonst hätte es nicht Eifersuchtsszenen um den Beischlaf des gemeinsamen Mannes gegeben (Genesis 30,14–16). Dem Mann waren also gleichzeitig mehrere sexuelle Beziehungen möglich, beim Mädchen aber wurde die Jungfräulichkeit hoch geschätzt, und die Frau mußte einen Mann mit mehreren anderen Frauen teilen.

Obwohl unter den Frauen wie auch beim eigenen Mann diejenige im höchsten Ansehen stand, die ihm die meisten Söhne geboren hatte, konnte die Ehe doch auch von tiefer persönlicher Liebe getragen sein. Als die kinderlose Hanna von der mit Kindern gesegneten Nebenfrau und Rivalin Peninna gedemütigt wird, sagt ihr Mann Elkana zu ihr: »Hanna, warum weinst du? Warum ißt du nichts? Warum ist dein Herz betrübt? Bin ich dir nicht viel mehr wert als zehn Söhne?« (1 Samuel 1,1–8) Hanna geht es wie vielen Frauen vor ihr, wie zum Beispiel Sara, Rebekka, Lea, Rahel. Und wie diese wird auch sie die Kinderlosigkeit als unverständliche Kränkung erlebt haben, die zudem noch von Gott selbst verhängt war. Denn Nachkommenschaft wird ausdrücklich als Gottesgabe verstanden. Gerade diese religiöse Komponente wird bei der Ablehnung oder Hochschätzung einer Frau mit eine Rolle gespielt haben. Um so mehr wiegt Elkanas Reaktion. Sie zeigt, daß Liebe, innere Werte und harmonisches Zusammenleben auch einem Mann damaliger Zeit wichtiger sein konnten als die Erfüllung der Pflicht, für Nachkommen zu sorgen.

Aufgaben verbinden

Partnerschaftliches Verhalten zwischen Mann und Frau finden wir auch im politischen Leben. Als Debora, von der depressiven Lähmung ihres unterdrückten Volkes zutiefst beeindruckt, einen Schlag gegen das übermächtige kanaanäische Heer plant, führt sie ihn nicht allein aus. Sie beruft Barak zum Feldherrn, und beide beschließen, gemeinsam das Problem zu

Dich

Dich
dich seinlassen
ganz dich

Sehen
daß du nur du bist
wenn du alles bist
was du bist
das Zarte
und das Wilde
das was sich
anschmiegen
und das was sich
losreißen will

Wer nur die Hälfte liebt
der liebt dich nicht halb
sondern gar nicht
der will dich
zurechtschneiden
amputieren
verstümmeln

Dich dich sein lassen
ob das schwer oder
leicht ist?

Es kommt nicht darauf
an mit wieviel
Vorbedacht und
Verstand
sondern mit wieviel
Liebe und mit wieviel
offener Sehnsucht nach
allem –
nach allem
was du *bist*

Nach der Wärme
und nach der Kälte
nach der Güte
und nach dem Starrsinn
nach deinem Willen
und Unwillen
nach jeder deiner
Gebärden
nach deiner
Ungebärdigkeit
Unstetigkeit
Stetigkeit

Dann
ist dieses
dich dich sein lassen
vielleicht
gar nicht so schwer

Erich Fried

[redacted]

lösen. »Und Barak sprach zu ihr: Wenn du mit mir gehst, so gehe ich, gehst du aber nicht mit mir, so gehe ich nicht. Sie sprach: Gut, ich gehe mit dir« (Richter 4,8f.). Von da an wird Barak gleichberechtigt neben Debora genannt (5,1.12,15). Diese Geschichte zeigt, wie unbefangen Mann und Frau in ihren unterschiedlichen Positionen miteinander handeln konnten. Und auch andere Frauen wie Mirjam und Hulda lassen die Vermutung zu, daß es, wenigstens in der älteren Zeit Israels, einen gewissen Ausgleich der Geschlechter gegeben hat.

Sexuelle Gleichheit

Auch in Liebe und Sexualität ist, zumindest im Hohenlied der Liebe, keine Rede von einer Dominanz des Mannes (Haag, H./Elliger, K., »Wenn er mich doch küßte«. Das Hohe Lied der Liebe, Reinbek 1983). Im Gegenteil, die Initiative geht viel mehr von der jungen Frau aus. Sie lädt ihren Freund ein: »Komm, mein Geliebter, hinaus auf die Flur. . ., dort will ich dir meine Liebe schenken« (Hoheslied 7,12f.). Und: »Bis der Tag heranweht und die Schatten fliehen – komm her, mein Geliebter!« (2,17), so fordert das Mädchen zur Liebe auf. Sie preist seine Schönheit, er sehnt sich nach ihr den langen Winter hindurch. Es geht um die Freude, die zwei Menschen aneinander haben, um Liebesgenuß, Sehnsucht und Erfüllung. Und da gibt es keinen Unterschied im Verhalten zwischen beiden, kein Rollendenken, etwa, daß das Mädchen sich zurückhalten, erobert werden, der junge Mann der Werbende sein müsse. Beide sind völlig gleich, gleichinteressiert, gleichberechtigt, gleichempfindend. Erst das Gesetz, Verlobung, Heirat, bringt eine Veränderung in die Beziehung.

> *»Keine Rede von einer Dominanz des Mannes.«*

Maria und Josef

Das Neue Testament ist dagegen, was zwischenmenschliche Beziehungen angeht, karg und nichtssagend. Freundschaft, Liebe, Ehe, Familienleben, Arbeitsverhältnisse – die neutestamentlichen Schriftsteller scheinen sich dafür nicht interessiert zu haben. Dennoch können wir auch hier Elemente partnerschaftlichen Denkens finden. Am meisten scheint mir die Ehe von Maria und Josef die Vorstellungen von Gleichheit, Wertschätzung und Liebe, von Gemeinsamkeit und Selbständigkeit zu erfüllen, die wir mit Partnerschaft verbinden. Josef akzeptiert das Geheimnisvolle, das Maria umgibt. Er trägt die schwierigen Situationen, mit seiner hochschwangeren Frau unterwegs zu sein, die Geburt im Stall, die Verfolgung und Flucht nach Ägypten – um die legendären Stationen aufzugreifen – voll mit, verhält sich, wie man es von einem Vater erwartet: Er gibt dem Kind den Namen, zieht mit Frau und Kind nach Jerusalem zum Tempel, sucht den Zwölfjährigen unter den Wallfahrern. Er denkt und lebt Marias Leben mit. Und Maria ist eine selbstän-

Paar im Rausch

Sie:

Nachts liege ich auf dem Bett und
kann nicht schlafen.
Ich sehne mich nach ihm
und suche ihn.
Doch nirgends kann mein Herz
ihn finden.

Ich sehe mich aufstehn und
die Stadt durcheilen.
Durch Gassen streife ich und
über leere Plätze –
ich sehne mich nach ihm und
suche ihn.
Doch nirgends kann ich meinen
Liebsten finden.

»Wo ist mein Liebster, habt ihr ihn
gesehen?«
Nur ein paar Schritte weiter
finde ich ihn.
Ich halte ihn fest und
laß ihn nicht mehr los.
Ich nehme ihn mit nach Hause in das
Zimmer,
in dem meine Mutter mich gebar.
Laßt uns allein!
Denkt: Wir lieben uns,
schreckt uns nicht auf!

Er:

Verzaubert hast du mich,
Geliebte,
ein Blick aus deinen Augen, und
ich war gebannt.
Wie glücklich du mich machst
mit deiner Zärtlichkeit.
Liebste,
von deiner Liebe bin ich
berauscht wie von Wein.

Wie Honig ist dein Mund,
süß und sanft,
mein Schatz,
wenn du mich küßt,
spüre ich unter deiner Zunge
süße Milch.

Du bist ein Garten,
ein Paradies.
Wenn unsere Hände ineinander
streicheln,
wenn unsere Leiber einander
berühren,
berauschen wir uns an der Liebe.

nach: Hoheslied der Liebe
(Altes Testament)

[redacted]

dige und selbstbewußte Frau. Politisch engagiert (Magnificat), religiös und psychisch unabhängig von ihrem Mann, entscheidet sie ihre Angelegenheiten selbst. Sie weiß, was im Augenblick zu tun ist (Hochzeit von Kana) und ist innerlich stabil und stark (bis unter das Kreuz).

Freundschaft zu Frauen

Kein Wunder, daß Jesus, der aus dieser Ehe stammt, ein integrierter Mensch ist. Er ist tolerant, sensibel und stark. Nichts deutet darauf hin, daß er, obwohl selbst ehelos und ohne sexuellen Kontakt, der Liebe und der Sexualität gegenüber Vorbehalte hätte. Und weil er selbst keine Vorurteile, Minderwertigkeiten und Ängste kennt, begegnet er auch den Frauen – gegen jede Sitte – freundschaftlich, natürlich und ungezwungen. So wie er Männer heilt, so heilt er auch Frauen, so wie er seine Jünger lehrt, so spricht er auch zu den Frauen, ja er ermutigt sie geradezu zu eigenem Denken (Lukas 10,38–42) und offenbart ihnen die wichtigsten theologischen Geheimnisse (z. B. Johannes 11,25). Und sie liebten ihn dafür, sie folgten ihm und gaben sogar ihre sozialen Bindungen und Rollen auf. Sie unterstützten ihn finanziell und nahmen ihn bei sich auf. Ist hier nicht etwas von dem gegenseitigen Ernstnehmen verwirklicht, das zur Partnerschaft gehört? Bis in welche Dimensionen diese Gegenseitigkeit greift, illustriert die Szene mit der Samariterin (Johannes 4). Jesus, müde und erschöpft, ist auf die Frau angewiesen, die allein Zugang zum Brunnenwasser hat. Sie wiederum ist schon von der Ahnung jenes »lebendigen Wassers«, über das er verfügt, in ihrer Existenz zutiefst betroffen. Man darf diese Szene gewiß tiefenpsychologisch-archetypisch weiter ausdeuten.

Zusammenarbeit

Partnerschaftliches Verhalten gegenüber Frauen ist auch Paulus nicht fremd. Wie Debora und Barak zusammen in den Krieg zogen, so ist auch er auf die Zusammenarbeit mit Frauen, auf deren Engagement, Hilfsbereitschaft und Tüchtigkeit er sich verlassen kann, angwiesen. Viele von ihnen nennt er mit Namen. Zu Phoebe und Prisca scheint er auch ein persönliches, herzliches Verhältnis gehabt zu haben. Phoebe bekleidete nicht nur ein Amt in ihrer Gemeinde, sondern hatte Paulus auch in Schwierigkeiten beschützt. Prisca schätzt Paulus als Mitarbeiterin sehr hoch ein. Meistens nennt er sie vor ihrem Mann Aquila, offensichtlich, weil sie die Bedeutendere war. Da ist trotz 1 Korinther 1,2–16 und 1 Korinther 14,33b–35 von einer Diskriminierung der Frauen keine Rede. Gleichberechtigt und gleich wichtig arbeiten sie zusammen.

Geschwisterlichkeit

Theologisch überhöht, scheint mir Paulus viel von partnerschaftlichen Ideen in seinem Bild vom Leib und seinen Gliedern auszudrücken (1 Korinther 12,12–31). Näher jedoch liegt uns wohl ein anderes biblisches Leitbild: Männer und Frauen werden zu Geschwistern. Bruder und Schwester – das ist eine Beziehung, die sich jenseits aller erotischen Bedürfnisse, ungeachtet aller Belastungen als stabil und verläßlich erweist. Geschwister kennen sich genau, respektieren sich, schätzen sich, brauchen sich, ihr Umgang miteinander ist selbstverständlich und frei. Geschwisterlichkeit ist Ausdruck von Verbundenheit und Unabhängigkeit zugleich. Eine solche Beziehung läßt nicht zu, daß sich einer über den anderen stellt. Aber dieses utopische Vorbild für Partnerschaft paßt wohl eher in das »Reich Gottes« als in unsere Wirklichkeit.

»Die Pluralität der Bibel ist eine Ermutigung.«

Partnerschaft und Bibel – nach unserem heutigen Verständnis von Partnerschaft konnten wir nur Spuren davon finden. Aber diese sind nicht unwichtig. Sie zeigen nämlich, daß wir die Bibel nicht für eine einseitige, enge Sicht oder für unsere Moralvorstellungen in Anspruch nehmen können. Im Gegenteil: Wir finden in der Bibel eine Vielfalt unterschiedlicher Beziehungen nebeneinander: Monogamie und Polygamie; die Frau als Besitz des Mannes, aber auch als Lebensgefährtin (Malladu, 2,4); leidenschaftliche Kontakte außerhalb der Ehe, aber auch die normierte Ordnung des Gesetzes; Freundschaft neben der Ehe; verantwortliche Zusammenarbeit zwischen Mann und Frau; und schließlich bei Jesus die geschwisterliche Freundschaft zu Frauen. Deshalb ist gerade die Pluralität der Bibel eine Ermutigung zur Suche nach neuen, eigenen Wegen, Partnerschaft in unserer Zeit zu leben. ■

Katharina Elliger, geboren 1929, studierte Deutsch, Latein und Theologie in Münster. Studienrätin. Seit 1964 Zusammenarbeit mit Herbert Haag (z.B. »Stört nicht die Liebe. Diskriminierung der Sexualität – ein Verrat an der Bibel«, München 1990). Sie ist heute Publizistin und lebt bei Tübingen.

So anders sind Eltern nicht

Kristin Becker

Der Zeitgeist, der heute Lebensweise und Moral bestimmt, läßt sich nicht nur von der jungen Generation her definieren, sondern die Elterngeneration hat die Entwicklungen in der Partnerschaft vorprogrammiert und forciert. Trotzdem – (und vielleicht gerade deswegen?) wird der Zeitgeist aus elterlicher Sicht oft negativ gedeutet, denn die Kinder erlauben sich Dinge, die wir uns nie gestattet hätten! Sie tun das frei und in aller Öffentlichkeit. Was für uns als unmoralisch oder verantwortungslos galt, gehört zu ihrer Identität, und sie stehen dazu. Ihr Ziel ist die autonome Persönlichkeit.

Diese Priorität besteht zunehmend für alle diejenigen, deren Lebenssinn nicht mehr in Familie und Beruf liegt, sondern im Entdecken der eigenen Potentiale – in der Individuation.

Wenn ich den Versuch unternehme, die Partnerschaften unserer erwachsenen Kinder zu reflektieren, dann geschieht das nicht in kritischer Distanz zu ihnen. Im Gegenteil: Ich glaube nämlich, daß wir Eltern mittlerweile gar nicht so anders sind als sie. Unsere Hemmschwelle, überkommene Wertvorstellungen zu verlassen und das zu tun, was wir eigentlich möchten, ist nur größer, und unser Mut häufig genug kleiner.

Als wir heirateten, war für uns nicht die Frage, ob wir Kinder haben wollten, sondern wieviele! Ein Ehepaar ohne »Kindersegen« wurde als verhindertes Paar gesehen. Eine Frau, der »das Glück der Mutterschaft« nicht zuteil wurde, konnte einem nur leid tun. Sie fühlte sich als Frau auch meist minderwertig. Ein Makel haftete ihr an, denn sie erfüllte nicht ihre »Bestimmung«. Freunde und Verwandte nahmen regen Anteil an diesem Mißgeschick und rätselten über mögliche Gründe. Meist nahm die Frau es auf sich, als unfruchtbar zu gelten, auch wenn der Mann zeugungsunfähig war. Eine Ausnahme bildeten Frauen mit außergewöhnlichen Berufszielen und Begabungen, die so offensichtlich waren, daß man sie als ebenbürtig betrachtete oder sogar bewunderte. Damit entzog man sich allerdings jedem Vergleich und jeder Herausforderung.

Für die junge Frau von heute ist es selbstverständlich, einen Beruf zu erlernen. Sie möchte (für alle Fälle!) selbständig sein, denn auf Ehe und Familie ist in ihren Augen kein Verlaß mehr.

Viele Eltern lassen sich scheiden oder leben sich so stark auseinander, daß die Kinder zwischen zwei Fronten geraten und sich darum lieber eine Ersatzfamilie suchen. Diese kann in Wohngemeinschaften, Gruppen, Vereinen, Freundschaften und Beziehungen aller Art be-

stehen. Wer noch über das 18. Lebensjahr hinaus bei seinen Eltern wohnt, macht sich verdächtig, zu brav und angepaßt zu sein.
Für Eltern ist es schwierig, zu erleben und mit ansehen zu müssen, wie ihre Kinder alles ganz anders machen. Starke Auseinandersetzungen sind oft die Folge. Sie vergiften die Atmosphäre und machen die Familie immer weniger attraktiv. Man hat es leid, sich ständig zu erklären und zu rechtfertigen und sucht lieber das Weite. Mit den Alten ist schlecht klarzukommen. Man spürt die Abhängigkeit und möchte so schnell wie möglich auf eigenen Füßen stehen.

Wenn ich heute jemandem sage, daß wir fünf Kinder haben, werde ich wie ein mittleres Weltwunder betrachtet – manchmal voller Anerkennung (»Donnerwetter – so abgewrackt sieht die ja gar nicht aus!«), doch meist etwas kopfschüttelnd (»Wie kann man nur!«). Man sieht keinen Sinn mehr darin, derartige Strapazen auf sich zu nehmen – sowohl körperlich als nervlich und nicht zuletzt auch finanziell. Während Kinder in früheren Zeiten eine gute Altersversorgung garantierten, müssen sich Eltern heute aufgrund einer allgemein verlängerten Schulzeit und durch differenziertere und langjährige Berufsausbildungen bedingt oft recht »krummlegen«. Kinder können ihre Eltern sogar gerichtlich belangen, wenn diese ihren finanziellen Verpflichtungen nicht nachkommen.

Der Anreiz zur Familiengründung hat beträchtlich abgenommen. Damit hat der Beruf eine stärkere Betonung gewonnen. Der Wunsch, im beruflichen Engagement Lebenssinn zu finden, kommt dem Drang nach Individuation sehr entgegen.

Lebenssinn Beruf

Hier kann man sich profilieren und bei guter Leistung Anerkennung erwarten. Auf solche Art von »Streicheleinheiten« muß eine Ehefrau »von gestern« oft verzichten. Was sie zu Hause macht, ist doch eigentlich kaum der Rede wert! Man sieht jedenfalls wenig davon, denn das mit Liebe zubereitete Essen ist immer schnell verzehrt, und Wohnung und Wäsche sind schnell wieder verstaubt und schmutzig. Alle Vorbereitungen und Überlegungen, die z. B. Festefeiern und Besuch erfordern, werden als selbstverständlich hingenommen. Die meisten Frauen können sich im häuslichen Bereich nicht so verwirklichen, wie sie das gern möchten. So streben sie – spätestens sobald ihre Kinder aus dem Haus sind – eine Berufstätigkeit an. Sie wollen wissen, was eigentlich noch in ihnen steckt, und sie wollen endlich auch über »eigenes« Geld verfügen.

Die Partnerschaften von jungen Erwachsenen resultieren aus diesen Fakten. Familie und Beruf haben ein anderes Image bekommen, und so ist es nur natürlich, wenn das Zusammenleben zweier Menschen Formen annimmt, die diesen Veränderungen Rechnung tragen.

Bei allen Übergängen im sozialen Gefüge bestehen Gefahren und Chancen. Bisher Selbstverständliches ist in Frage gestellt. Wenn von Kunst die Rede ist, dann weiß jeder, daß neben der natürlichen Begabung des Künstlers viel Überlegung, Einsatz und manchmal auch vergebliche Mühen nötig sind, bis ein Werk gelingt. So erfordert die Kunst der Partnerschaft neben allem Schönen auch Geduld und Anstrengungen im Wechsel der Zeiten und Generationen, wenn sie gelingen soll.

Lebenssinn Individuation

Die fortschreitende Betonung der Individuation des einzelnen wirft in der Partnerschaft besonders viele Fragen auf. Jede Revolution fordert ihre Opfer – und so bleibt auch bei dieser umwälzenden Entwicklung manches auf der Strecke. Gerade aus Angst und Unsicherheit heraus bilden sich manche Extreme, die ohne den gesellschaftlichen Druck vielleicht zu vermeiden wären. Es gehört schon ein starkes Selbstbewußtsein dazu, sich in seinen persönlichen Entscheidungen notfalls über das Urteil (und die Verurteilung!) von Verwandten und Freunden hinwegzusetzen und sich damit zu isolieren. Die eigene Identität zu finden, ist aber für viele so dringlich geworden, daß sie lieber alle Brücken hinter sich abbrechen als weiter im inneren Zwiespalt mit sich selbst zu leben oder bisher unbekannte, unbewußte Persönlichkeitsanteile zu verdrängen. Mit dem zunehmenden Bekanntwerden psychologischer Vorgänge ist vieles ins Bewußtsein gehoben worden, was früher nur ein Schattendasein in uns fristete. Unerlaubte Wünsche und Bedürfnisse wurden oft schon im Keim erstickt.

Die junge Generation wagt, ihre Träume zu verwirklichen – auch wenn ein glücklicher Ausgang nicht garantiert ist und der Erfolg sich nicht immer einstellt. Von außen betrachtet wirkt ihr Verhalten manchmal recht chaotisch, oder zumindest recht ungewöhnlich – doch verfestigte Formen und Verkrustungen lassen sich oft nicht anders lösen.

Die junge Generation versucht, ihren Weg zu finden, statt es – in den Augen anderer – richtig zu machen. *Die Qualität ihrer Partnerschaft liegt darin, daß sie die Einmaligkeit jeder Beziehung anerkennt und diese so zu gestalten versucht, wie es der Einmaligkeit jedes Partners entspricht.* Aber gerade darin besteht eben die Kunst: Zwei grundverschiedene Menschen wie Mann und Frau zu einer Einheit zu führen, die mehr Freude und Lustgewinn als Einschränkungen und Behinderungen in der Persönlichkeitsentfaltung mit sich bringt. Gerade mit der wachsenden Differenziertheit jedes Einzelnen wächst die Schwierigkeit, dem einzelnen gerecht zu werden.

In der Phase der Verliebtheit spielen weder charakterliche Unterschiede noch die Prägungen aus der Kindheit eine große Rolle. Das ist wohl ein Trick der Natur. Der Wunsch, sich nah zu sein und das Glück miteinander zu genießen, sind vorrangig. Doch mit der Zeit treten die Unterschiede deutlich und auch störend zutage. Die Aufgabe, das Anderssein und die Eigenarten des anderen zu akzeptieren und in das eigene Erleben zu integrieren, stellt sich unübersehbar. Wer eine Partnerschaft auf Dauer anstrebt, wird sich auf diesen Prozeß einlassen müssen, wenn er nicht durch Flucht reagieren oder in Langeweile enden will.

Es besteht natürlich auch die Möglichkeit, sich immer wieder neu zu verlieben und auf diese Weise der Arbeit aneinander und den damit unvermeidlichen Auseinandersetzungen zu entgehen. Allerdings geschieht so keine Reifung. Diese Beziehungen tragen eher den Charakter des Infantilen.

Eine weitere »Lösung« könnte darin bestehen, daß einer sich dem anderen anpaßt oder unterordnet. Früher war das üblich; aber gerade diese bei älteren Ehepaaren häufig anzutreffende Lebensweise wirkt auf die junge Generation ausgesprochen abschreckend, weil es ihr

»Die junge
Generation
versucht,
ihren Weg
zu finden,
statt es –
in den
Augen anderer –
richtig
zu machen.«

an Selbständigkeit und an Echtheit fehlt. Der moderne Mensch sucht eine Partnerschaft, die ihn der eigenen Person näher bringt.

Diese Einstellung teilen heute viele Elternpaare mit ihren Kindern. Sie besitzen noch Flexibilität genug, alte Maßstäbe in Frage zu stellen und sich in unbekanntes Neuland zu begeben. Auf der Suche nach einem erfüllten Leben riskieren sie nicht selten ihre Existenz und nehmen Benachteiligungen und Isolation auf sich. Trennungen und Scheidungen geschehen oft nicht aus Oberflächlichkeit und Treulosigkeit, sondern aus dem verzweifelten Versuch, den eigenen Weg zu finden.

Der Sinn des Lebens wird immer weniger in Familie und Beruf gesehen als im Erkennen der eigenen Individualität.

Was gehört zu einer Partnerschaft zwischen zwei Individuen?

Kopf

Wenn ich mit dem Kopf beginne, dann möchte ich in erster Linie den Aspekt ansprechen, sich für einen partnerschaftlichen Prozeß zu *entscheiden* und damit die Illusion zu begraben, wenn man sich nur richtig liebt, dann ginge alles wie von selbst. Kopf ist nötig in der Partnerschaft, denn wenn beide den Kopf verlieren, kann das drastische Folgen haben.

Unerwünschte Schwangerschaft

Ohne Empfängnisverhütung z. B. kann leicht die Situation eintreten, daß ein Kind abgetrieben wird oder daß eine Frau einen Mann heiratet, nur weil sie von ihm schwanger ist.

Wenn heute junge Frauen ihr Kind ohne Mann großziehen, beweisen sie damit Mut und den Willen zu Selbständigkeit und Unabhängigkeit. Bei allem Respekt – für ein Kind ist es trotzdem nicht ideal, ohne Vater aufzuwachsen.

Immer häufiger bleiben Paare, wenn sie sich wirklich lieben, im Falle einer unvorhergesehenen Schwangerschaft zusammen, auch wenn sie sich noch nicht klar darüber sind, ob sie tatsächlich einmal heiraten werden. Diese Regelung gibt Raum, im gemeinsamen Alltag ohne zeitlichen oder moralischen Druck eine überlegte Entscheidung für die Zukunft zu treffen.

Für Männer kann das Zahlen von Alimenten zu einem Albtraum werden, wenn sie das Kind nicht wollen. Der Anreiz zum Verdienen und zum beruflichen Erfolg ist jedenfalls in solchem Fall dahin. Einige setzen sich sogar ins Ausland ab, um ihren finanziellen Verpflichtungen zu entgehen.

Der soziale Hintergrund

Auch heute noch spielt bei der Partnerwahl der soziale Background eine wichtige Rolle. Zwar geistert der Traum vom Märchenprinzen immer noch in den Köpfen mancher Frauen herum, aber er erfüllt sich nur selten über eine kurze Zeitspanne hinaus.

Die Frage nach der Partnerschaft »auf Zeit« wird immer häufiger gestellt. Viele trauen es sich einfach nicht zu, ein Treuegelöbnis fürs Leben abzulegen, weil ihre inneren Entwicklungen noch zu stark schwanken. Sowie manche Freundschaften nur für eine bestimmte Wegstrecke von Bedeutung sind, so kann auch die »Partnerschaft« eine gute Lösung sein.

Wir machen unsere Beziehung selbst

Wir leben in Beziehungen. Aber die Beziehung leben wir nicht. Auch wenn sie uns das Leben bedeutet. Das jedoch ist kein Schicksal. Wir machen ja unsere Beziehung selbst. In tausend kleinsten Handlungen Tag für Tag. Wir schieben uns wechselseitig die Schuld zu. Das ist die Illusion, die uns entlasten soll. Wir irren uns.

Was ist zu tun? Wir müssen zu unserer Beziehung Beziehung gewinnen. Wie? Indem wir uns bewußt vornehmen, was im verplanten Alltag verlorengeht: wesentlicher miteinander über uns zu sprechen.

»Wir haben im letzten Vierteljahr durch unsere Zwiegespräche mehr über uns erfahren als in zehn Ehejahren vorher«, sagte eines der Paare, denen ich diese »wesentlichen Gespräche« empfohlen und erläutert hatte. Den meisten geht es ähnlich. Ich kann das gleiche von mir sagen. In den Beziehungen, die mir viel bedeuten, erlebe ich Zwiegespräche als die beste Chance, sich wechselseitig einfühlbar zu machen.

Es klingt paradox: weil keiner den anderen durchröntgen will, wird die Beziehung durchsichtig. Dann gelingen Bindung oder Trennung leichter. Auch schwere Probleme werden lösbar. Der andere ist wirklich anders – entdecken wir nach einiger Zeit – und bleibt uns trotzdem nah. Die Gelegenheiten, die Beziehung zu genießen, mehren sich. Zwiegespräche sind ein seelisches Aphrodisiakum. Und es ist kein Geheimnis, warum: Das erotische Erleben zeigt uns mit entwaffnender Deutlichkeit, wie es um uns wirklich steht. Zwiegespräche entstören und beleben die Beziehung. Manchmal so intensiv, daß wir sie körperlich fortsetzen wollen: indem wir Liebe machen.

So kam es, daß Susanne sich eines Tages versprach. Sie hatte es schwer mit den »Zwies«. Deshalb war sie besonders verblüfft über ihre Fehlleistung: »Wann machen wir denn unsere Sweets?« fragte sie Alexander.

»Da war mir nun endgültig klar, daß uns die Gespräche guttaten«, meinte sie später. Es machte ihr besondere Mühe, die eigenen Gefühle wahrzunehmen und auszudrücken. In ihrer Kindheit und auch heute noch brachten die Eltern keinerlei Interesse auf, wenn sie einmal von sich erzählen wollte. Solche seelische Mitgift ist vielleicht die größte Hürde für Zwiegespräche. Sie ist inzwischen leider unsere häufigste Ausstattung. Die Beziehungsschwäche zwischen Eltern und Kindern kennzeichnet die Bundesrepublik gegenüber anderen europäischen Ländern und Nordamerika. Aber auch diese Barriere wird in Zwiegesprächen nach und nach abgebaut.

Michael Lukas Moeller

Vom Ziel der Individuation her gesehen, liegt bei der Partnerwahl ein wichtiges Kriterium darin, ob sich zwei Menschen gegenseitig fördern oder ob sie sich behindern. Instinktiv wird man den Partner suchen, der einen herausfordert und der den Bedürfnissen der Entwicklungsphase entspricht, in der man sich gerade befindet.

»Die Qualität der Partnerschaft liegt darin, daß sie die Einmaligkeit jeder Beziehung anerkennt und diese so zu gestalten versucht, wie es der Einmaligkeit jedes Partners entspricht.«

Sexualität z. B. sollte sich entfalten können, wenn der Körper nach einem Ausdruck dafür sucht. Manchmal ist sie so angstbesetzt, daß es hilfreich ist, diese Hemmungen abzubauen, bevor man den »Traum seines Lebens« heiratet. Andernfalls sind die Erwartungen oft so übersteigert, daß sie zum Scheitern verurteilt sind. Während das Ideal früher darin bestand, in der Hochzeitsnacht »den Geschlechtsakt« das erste Mal zu »vollziehen« (!), laufen heute die Vorbereitungen für ein gesundes Geschlechtsleben schon sehr viel früher und phantasievoller an. Auf diese Weise werden unter Umständen Erfahrungen mit Partnern gemacht, mit denen man darum noch nicht sein ganzes Leben verbringen möchte.

Ähnlich verhält es sich mit der Romantik. Ein Pubertierender wird eine romantische Liebe anders erleben als ein reifer Mann. Er wird seine romantischen Bedürfnisse und Gefühle seinem Alter gemäß zum Ausdruck bringen und sie nicht verdrängen, wenn sie sich entfalten wollen. Manche Ehe bleibt völlig unromantisch, weil diese Seite in jungen Jahren nicht entwickelt werden konnte. Umso erfreulicher ist es, wenn auch Männer und Frauen der Elterngeneration ihre ungelebten romantischen Gefühle entdecken (besser etwas verspätet als gar nicht!).

Es ist eine Überforderung, alles mit einem Partner leben und entwickeln zu wollen, denn jeder Mensch lockt andere Teile meiner Persönlichkeit aus mir heraus. Wer früh heiratet und erwartet, daß der Ehepartner alles in einer Person leisten kann, setzt ihn damit unter einen starken Leistungsdruck. Deshalb ist es sinnvoll, mit der Individuation der Partnerschaft schon vor der Ehe zu beginnen.

Wenn sich ein Paar zur Heirat entschließt, spielen andere Faktoren eine Rolle als bei einer kurzfristigen Partnerschaft. Will man das ganze Leben beieinanderbleiben, dann sollte man sich die Familie, in die man hineinheiratet, genauer ansehen. Entgegen der verbreiteten Meinung: »Was geht mich deine Familie an, ich heirate doch dich!« heiratet man die Familie eben doch mit. Spätestens im Ehealltag wird deutlich, welche Ansichten und Angewohnheiten familienspezifisch sind. Die Prägungen sind nicht zu leugnen. Selbst wenn es in den ersten Jahren gelingt, alles genau anders zu machen als die Eltern, wird man, sobald die Selbstkontrolle aufhört, wieder in den gleichen Stil verfallen – ob man will oder nicht. Man hat sein Leben lang damit zu tun, immer wiederneu herauszufinden, was von der elterlichen Prägung zur eigenen Identität gehört und was nicht.

Neben den typischen Familiengewohnheiten spielt das Milieu, in dem jemand aufwächst, eine große Rolle. Wenn man »im Kopf« hat, daß ein Arbeiter z. B. anders denkt als ein Angestellter – und ein Angestellter wieder anders als ein höherer Beamter oder ein Freiberuflicher, dann bedeutet das keine Wertung irgendeiner sozialen Schicht. Aber wirtschaftliche und politische Ansichten resultieren aus der sozialen Struktur. Jeder sammelt und vertritt die für seinen Beruf zutreffenden Wertvorstellungen, mit denen er dann auch später in der Ehe umgeht.

Auch mit Partnerschaften unterschiedlicher Rassen und Völker sind Belastungen vorprogrammiert, die jeder »im Kopf« haben sollte. Nur im Zustand der Verliebtheit gelingt es, sich darüber hinwegzusetzen.

Nähe- und Distanzbedürfnisse

Die Unterscheidung zwischen Nähe- und Distanztypen dringt immer stärker ins allgemeine Bewußtsein, weil immer mehr Partnerschaften an ihren unterschiedlichen Erwartungen in bezug auf Nähe und Distanz scheitern.

Natürlich hat auch jeder Distanztyp Nähebedürfnisse. Diese entsprechen aber bei weitem nicht den Wünschen und Vorstellungen des Nähetyps. Vom Ziel der Individuation her gesehen könnten sich gerade gegensätzliche Charaktere am besten dazu verhelfen, die Gegenstruktur des anderen auch langsam in sich selbst zu entwickeln und dadurch zu einer ausgewogenen Form der Persönlichkeit zu finden. Das aber ist ein schwieriger Lernprozeß, der ohne »Kopf« nicht zu bewältigen ist, denn der »Bauch« sträubt sich dagegen. Er reagiert mit Verletztheit und mit dem Verdacht, daß der andere einen nicht liebt, wenn er weniger Nähe will.

Das Defizit an Nähe kann aber so groß werden, daß der erotische und der sexuelle Bereich in Not gerät. Dann verkehren sich unerfüllte Wünsche häufig in Aggressionen. Auch der Ehebruch hat hier meist seine Wurzeln.

Eine völlig harmonische Partnerschaft mit gleichen Nähebedürfnissen bietet allerdings nicht die Herausforderung zum Wachstum und zum Reifen der eigenen Struktur. Die Anstöße gibt es allerdings für den, der sich herausfordern lassen will, auch noch in anderen Bereichen wie Beruf, Freundschaften und Verwandtschaft.

Auseinandersetzungen zu Hause sind für viele nicht erstrebenswert. Dadurch entsteht aber besonders bei Frauen oft das Gefühl, nicht ernstgenommen zu werden.

»Der Sinn des Lebens wird immer weniger in Familie und Beruf gesehen als im Erkennen der eigenen Individualität.«

[redacted]

Interessant ist in diesem Zusammenhang, daß Paare, die zum zweiten Mal heiraten, meist den eigenen Typ wählen. Sie haben sich, für ihr Empfinden, in der ersten Ehe zur Genüge auseinandergesetzt und sind ein Stück daran gereift. So konstruktiv das Streiten miteinander sein kann – es wird destruktiv, wenn es keinerlei Veränderung bewirkt.

Die Unterschiede im Charakter können eine fruchtbare Dynamik in Gang setzen, aber das Maß, diese »Dynamik« zu ertragen, ist nicht bei allen Paaren gleich.

Bauch

Dieser Ausdruck, der ja eigentlich nur einen Körperteil bezeichnet, wird heute viel gebraucht. Jeder weiß sofort, was gemeint ist, wenn jemand sagt, er hätte eine Entscheidung »aus dem Bauch heraus« getroffen.

»So konstruktiv das Streiten miteinander sein kann – es wird destruktiv, wenn es keinerlei Veränderung bewirkt.«

Manche haben zu viel, andere zu wenig »Bauch«; aber daß »Bauch« in der Partnerschaft nicht fehlen darf, leuchtet jedem ein. Sonst vertrocknet alles, sonst läuft nichts an intensivem Gefühl, an Spontaneität, Begeisterung und Ausdruckskraft.

Der »Bauch« umfaßt Erotik und Sexualität, ein Bejahen der Triebe und Aggressionen. Man getraut sich, »die Sau herauszulassen«!

Bauchtypen wirken in jeder Gruppe belebend und originell; in einer Partnerschaft sind sie auf die Dauer manchmal schwer zu ertragen, wenn die Verbindung zum »Kopf« fehlt.

Früher wurde das Wort »Bauch« nur diskret in medizinischem Sinn gebraucht. Erst durch den freieren Umgang mit dem Körper (und mit zunehmenden F.K.K.-Stränden!) zeigte man auch mehr Bauch – und damit auch mehr Gefühl.

Auch vom Kopf her gelenkte Therapieformen wie analytische Therapien und Verhaltenstherapien wurden durch körperbetonte Therapieformen wie Gestalttherapie oder Bioenergetik notwendig ergänzt.

Dem Stellenwert des »Bauches« wurde auch in einer gesünderen Ernährung Ausdruck verliehen.

Für viele Menschen brachte die stärkere Betonung des Bauches eine notwendige Befreiung zur Ganzheit der Person. Der Körper wurde nicht länger stiefmütterlich behandelt. Sport im allgemeinen, aber auch Body-Building und Jogging kamen groß in Mode. Gerade für die »Kopftypen« ist diese Entwicklung eine große Bereicherung. Für die »Bauchtypen« wird sich die Aufgabe der Integration von Bauch und Kopf besonders stellen. Das Herz ist dabei das Verbindungsstück.

Herz

Das Herz beschreibt die Mitte der Person. Hier liegt der Wille zum anderen hin – der Wille, der aus einer tiefen Intuition heraus ausgesprochen wird. Auch das Gemüt hat hier seinen Sitz. Es ist mehr als Gefühl. Es schließt die Tendenz zu allem Transzendenten mit ein – eine starke Hoffnung auf Erfüllung und Glück. Ein Herz, das in Gott ruht, wird imstande sein, die auseinanderdriftenden Kräfte von Kopf und Bauch zu vereinen und damit ein gesundes Gleichgewicht herzustellen. Das Herz kann streng und weich zugleich sein – unbestechlich und trotzdem zärtlich – wachsam und doch unbekümmert.

Ich muß das Herz des anderen spüren, wenn ich mich auf eine ernsthafte Partnerschaft einlasse. Das Herz verkörpert das Wesen eines Menschen, das ich erahnen und erfassen möchte: Ich möchte es durchscheinen sehen, denn das Herz ist das Untrügliche an einer Person. Das Maß meiner Hingabe wird sich nach dem Maß richten, in dem mich das Herz der Person anrührt. Nur so werde ich mit meinem Herzen – von Herzen – antworten können.

Auch der Glaube ist im Herzen beheimatet. Untersuchungen haben ergeben, daß religiöse Ehen und Partnerschaften eine größere Stabilität aufweisen als Ehen, die keine gemeinsame Mitte haben. Auch Ideologien tragen durchaus religiösen Charakter und wirken zueinander hin, wenn sie aus dem Herzen heraus gelebt werden.

»Ich muß das Herz des anderen spüren, wenn ich mich auf eine ernsthafte Partnerschaft einlasse.«

Je näher zwei Menschen dem »Herz aller Dinge« kommen, desto unverbrüchlicher wird ihre Liebe und ihr Vertrauen zueinander sein. Die tiefe Übereinstimmung in gemeinsamen Werten wird ihnen helfen, Krisen miteinander durchzustehen und Enttäuschungen und Schmerzen zu verkraften. Das Wissen, das aus dem Herzen kommt, schafft eine innere Sicherheit und wird dem Partner alle Freiheiten ermöglichen, die er auf dem Wege seiner Individuation braucht. Auf der Basis dieses Wissens kann auch manchmal eine Entscheidung getroffen werden, die von außen betrachtet egoistisch und gegen die Partnerschaft gerichtet erscheinen muß.

Nur wenn zwei Menschen, die sich lieben, sich auch zugestehen, daß jeder für sich dem »Ruf seines Herzens« folgen darf, wird nicht nur der einzelne, sondern auch die Partnerschaft und Ehe wachsen und immer neue Farben und Facetten hervorbringen.

Individuation der Partnerschaft

Neben der Individuation des einzelnen kann auch eine Individuation der Partnerschaft angestrebt werden. Das würde heißen: Herausfinden, was denn das Spezielle, Einmalige an unserer Beziehung ist – entdecken, was ich mit keinem anderen Menschen erleben, lernen kann. Es wäre der Blick nach vorn in ein gemeinsames Wachstum.

Die Mitte der Bewegung liegt in der Entdeckung der bisher ungehobenen Schätze, die der Partner in sich trägt und in dem Staunen über den inneren Reichtum des anderen. Nur wenn ich mir meines eigenen Reichtums gewiß geworden bin, werde ich ihn neidlos und ohne Machtkämpfe im anderen anerkennen und wertschätzen können. Keiner muß dann den Partner überzeugen, überreden, benutzen, belehren, weil jeder aus seiner eigenen Mitte heraus lebt. Darum kann er auch den Partner aus seiner Mitte heraus leben lassen. Nur so gewinnt die gemeinsame Mitte Gestalt. Wie immer diese Gestalt aussehen wird, kann nur das Paar für sich selbst bestimmen – und das sollten die beiden ohne allen Druck von außen tun dürfen.

Wer den Maßstab von alten Formen her gewinnt und dem Vergangenen nachtrauert, wird neuen, überraschenden Entwicklungen nichts Positives abgewinnen. Nur wer von einem Menschenbild ausgeht, das an die heiligen Werte in jedem Menschen glaubt und diese fördern und vorantreiben will, wird auch in den Umbildungen, in den Unsicherheiten und über die verlorenen Schlachten mancher Ehe hinaus den Keim zu neuer Freiheit und Menschenwürde entdecken.

»Die tiefe Übereinstimmung in gemeinsamen Werten wird helfen, Krisen miteinander durchzustehen und Enttäuschungen und Schmerzen zu verkraften.«

Das, was unsere Kinder jetzt leben, ist durch die Elterngeneration vorbereitet. Es ist buchstäblich »auf unserm Mist gewachsen«. Wir haben ihnen die Vorgabe geliefert für das, was sie in ihrer Partnerschaft wollen, und ebenso für das, was sie auf keinen Fall wollen. Wir gehen ehrlich miteinander um und nennen die Dinge beim Namen. Sie wollen identisch mit sich leben und sind bereit, dafür zu zahlen.

Haben Eltern nicht im Grunde sehr ähnliche Wünsche?

Unsere Kinder leben manche unserer Schatten, die wir weder zu benennen, geschweige denn zu leben wagten. Dieses Eingeständnis könnte zu einer Brücke zwischen den Generationen werden und für alle den Weg ihrer Individuation erleichtern. ■

Kristin Becker, geboren 1931, Mutter von 5 Kindern, ist tätig als Beraterin für Lebensbewältigung.

Streitet – bis daß der Tod Euch scheidet?

Michael Cöllen

Das Paar, dessen Beispiel hier angeführt wird, wirkt auf Freunde und Verwandte unglaublich. Es birgt die ganze Dramatik und Tragik verlorener Liebe. Die Partner quälen sich selbst und den anderen, voller Verzweiflung gefangen im Labyrinth der gegenseitigen Anklage. Obwohl beide nichts als Liebe ersehnen und vom Partner einklagen wollen, erniedrigen, demütigen und beschimpfen sie den anderen ohne Unterlaß als vermeintlichen Verursacher allen Kummers und aller Schmerzen.

Und doch ist dieses Paar kein besonderes Paar. Vielmehr ist es ein alltägliches – dem gewöhnlichen Leben entnommen: wie Sie als Leser oder ich als Autor es wahrscheinlich schon selbst erlebt haben. Versuchen wir dieses Paar – und damit uns selbst – zu verstehen:

Beide sind um die 40, haben zwei Kinder, ein mit Schulden belastetes Haus und sind beruflich als Architekten relativ erfolgreich. Sie wirkt scheu bis schüchtern und bescheiden; er ist mehr der witzige Typ, der jederzeit irgendwelche Sprüche losläßt und in Gesellschaft gut ankommt wegen seiner Lustigkeit. In der Paartherapie wirken beide tiefunglücklich, bestürzt über den ständigen Streit. Sie sprechen mit leiser Stimme, geben sich äußerst bemüht, verständig und friedliebend. In den Sitzungen beteuern sie, wie gut es ist, wenigstens hier miteinander reden zu können.

Jeder Versuch außerhalb der Sitzungen schlägt aber fehl. Über ein Jahr lang kommen sie Stunde für Stunde mit den gleichen Mißerfolgsmeldungen: Sie habe ihn laut angepöbelt, die Kinder auf ihre Seite gezogen, gegen ihn aufgehetzt, ihn sogar verprügelt. Er dagegen mache sie immer fertig mit seiner Ironie, mache alles falsch, es sei überhaupt kein Verlaß auf ihn, sei einfach abgehauen und schließlich auch immer wieder zu anderen Frauen gegangen.

Sie streiten sich inzwischen um alles und jedes: um Geld und finanzielle Sorgen, um die Kindererziehung, um die Haushaltsversorgung, um den Zeitmangel und die wenigen Gemeinsamkeiten, um fehlende Zärtlichkeit, um die Brutalität gegeneinander – aber der eigentliche Anlaß des Streites läßt sich nicht entdecken. Beide drohen sie wechselseitig mit Trennung, werfen sich gegenseitig vor, keine Liebe zu haben, und hoffen doch nur, der andere möge den ersten Schritt einer zärtlichen Geste tun. Kommt dieser Schritt aber tatsächlich, meist etwas unbeholfen und unerwartet, reagiert der andere mißtrauisch und abwartend – dieses winzige Zögern legt der Erste aber bereits als Verweigerung und Ablehnung aus – und zieht ruckartig die nach dem Partner ausgestreckte Hand zurück.

In anderthalb Jahren Therapie wird klar, daß Helga niemals glauben kann, daß sie wirklich geliebt wird, und einen riesigen Panzer um sich aufgebaut hat, um sich vor jeder Enttäuschung abzusichern. Durch eine lieblose Kindheit hindurch hatte sie gelernt, isoliert von jeder Zuwendung gerade noch zu überleben. Sie hatte sich in eine schier unüberwindliche Festung verschanzt, und alle Märchenprinzen, die dieses Dornröschen befreien wollten, mußten in den Dornen hängenbleiben.

Aber gerade diese Tatsache, daß sie so schwer zu erobern war, hat Olaf damals als Student, dem sonst alle Mädchenherzen zuflogen, besonders gereizt. Würde er diese Frau erobern können, dann, ja dann wäre klar, was für ein toller Mann er sei.

Das mußte er sich selbst beweisen, er, der sonst soviel Erfolg in Gesellschaft hatte, das aber nie ernstnehmen konnte. Denn er hatte nie gelernt, irgendwelche Gefühle ernstzunehmen und so, wie sie sind, auch zu leben. Er hatte früh seinen Vater verloren und war für die Mutter lange der Mannersatz. Bettspiele und heiße Verführungsszenen zwischen Mutter und Sohn zogen sich hin bis in sein 14. Lebensjahr. Dann erschien die Mutter urplötzlich mit einem neuen Freund, der bald sein Stiefvater wurde. Fortan pflegte Olaf eine tiefe Haßliebe zu seiner Mutter, die er mit Ironie, Verachtung und Betteln um Gunstbezeigungen ausagierte. Nie mehr ließ ihn der Kampf um die Liebe der Mutter los.

Der gemeinsame Substanzkonflikt des Paares kristalliert sich jetzt heraus: Beide leiden an starken Minderwertigkeitsgefühlen, wähnen sich nicht liebenswert und richten ständig neue Beweisforderungen an den Partner. Das einstige Liebesspiel um die schier unerreichbare Eroberung der Geliebten wird im Alltag der häuslichen Szene zum Kampf zwischen permanenter Verweigerung und enttäuschtem Haß.

Die Einzelheiten dieser Fallgeschichte dürfen nicht darüber hinwegtäuschen, daß fast jeder von uns auf seine Weise solche Kämpfe auszutragen hat, daß wir als Partner früher oder später in ähnliche Streitigkeiten verwickelt werden. Alle jungen Paare gehen mit Sicherheit in den Umbruchphasen ihrer Paardynamik etwa alle zehn Jahre schweren Krisen entgegen. Dies gilt um so mehr, als heutige Ehen, sofern sie bis zum Tod durchgetragen werden, drei mal länger als um die Jahrhundertwende dauern und durch mehr Freizeit etwa das Fünffache an Partnerzeit beinhalten. Die Hochkonjunktur der verschiedenen Partnerkrisen liegt dabei zwischen dem 25. und dem 50. Lebensjahr.

Streit hat dabei immer verschiedene Aspekte und darf niemals nur eindimensional interpretiert werden. Die tiefenpsychologische Sicht allein, daß permanentes Streitverhalten nur die neurotische Verarbeitung eigener Probleme sei, ist sicherlich ebenso falsch wie die Ansicht, daß es nur einer kunstfertigen »Kommunikation« bedürfe, um konstruktiv streiten zu können. Immer sind zwei Seiten der Münze zu bedenken: die Chance, die in der streitbaren Auseinandersetzung liegt hin zu Wachstum und Selbstentfaltung durch Auseinandersetzung mit dem Du einerseits; andererseits aber

Im Streit

Lydia
Du bist ausgezogen. Du lügst, wenn du sagst, du habest es für uns getan. Du willst mich los sein, du willst deine Freunde treffen. Wir gehören zusammen, und du haust ab. Natürlich habe ich die gleiche Idee gehabt, aber es ist eine Idee gewesen, wenn du willst eine Drohung, ich wollte sehen, wie sehr du an mir hängst. Du aber tust es einfach! Du gehst ins Kino, du verabredest dich, während ich hier sitze und mir die Augen ausheule. Warum hast du mir ein Kind gemacht, wenn du dich eh davonstiehlst? Die dämliche Blonde aus deinem Büro hat angerufen, ich solle dich schön grüßen. Du ziehst mich in den Dreck, du Verräter. Ich knalle den Hörer auf, damit du nicht zuerst auflegst.

Ich besuche dich und will zwei ungetrübte Tage mit dir verbringen. Ich will Streit vermeiden, und auch du versprichst es. Wir sind wie auf Probe zusammen, und wenn es zu knistern beginnt, verschwören wir uns zum Frieden. Friede bis Sonntag abend. Ich will bestimmen, wann ich gehe, und ich brauche, daß es für dich unerwartet geschieht. Wir schaffen ohnehin keinen einverständlichen Abschied für ein paar Tage. Bedräng mich nicht mit deinen Erklärungen. Ich versprech dir nichts. Was du fühlst, wenn ich gehe, habe ich wochenlang gefühlt nach deinem Weggang. Bitte keinen Streit, wer wem Schuldgefühle macht! Ich weiß, wenn ich das sage, bist du es, der sie hat.

Paul
Du hast still und geduldig Material gegen mich gesammelt, das deine tiefsten Befürchtungen, was ein Mann dir antun könnte, genährt hat. Als es dann nach den Monaten wehrlosen Schweigens aus dir herausbrach, erdrückte mich das fast lückenlose Panorama meiner Charakterzüge. Nichts war rechtzeitig besprochen, aufgehellt, verziehen worden. Du hattest eine lange lange Indizienkette in der Hand, und ich verhielt mich wie ein Angeklagter, der sich herausreden will. An der Wucht der Verdächtigung konnte ich erahnen, was ich dir zugefügt hatte in meiner Wut über das verlorengehende Bild der Verheißung, das unserem zerbrechenden Bündnis als wolkiger Untergrund diente. Es gelang uns nicht mehr, unsere Unreife als eine gemeinsame Aufgabe zu sehen.

Tilmann Moser

auch die tödliche Gefahr der Zermürbung, der Zerstörung und Verwüstung der Seelenlandschaft beim Gegenüber. Beide Aspekte sollen im folgenden verständlich werden.

Streit als Chance

Streitende Paare haben durchaus gute Chancen. Sie haben sogar viele Chancen, ihre Krise zu überwinden. Dies gilt auch für Paare mit jahrelangem Dauerstreit. Allerdings brauchen diese dabei Hilfe. Zu zweit allein werden sie nie den Weg aus dem tiefen Labyrinth ihrer gegenseitigen Angriffe, Rechthabereien, Demütigungen und Beschimpfungen herausfinden. Sie sind wie in einem Gordischen Knoten gefangen, und jeder Versuch, sich daraus zu befreien, führt zu einer neuerlichen Verstrikkung. Es muß ein Dritter von außen dazukommen, der hinter all diesen Streitverirrungen den Substanzkonflikt des Paares erkennt.

Die Erklärung dafür ist einfach: Wenn zwei Partner über sehr lange Zeit trotz heftiger und sehr verletzender Streitereien es miteinander aushalten, besitzen beide Eigenschaften, die auch Voraussetzung für gutes Partnerleben sind: Beide sind ungefähr von gleicher seelischer Stabilität, um so viel an Verletzungen überhaupt aushalten zu können. Sie verfügen beide über Selbstbehauptung und Durchsetzungsvermögen. Beide verfallen nicht in Depression, Sucht oder sinnlose Zerstörung. Immer noch brennt das »Feuer«, die Leidenschaft ist nicht erloschen.

Beide kämpfen offensichtlich um ein gemeinsames Ziel – sonst hätten sie sich wie andere Paare trotz Angst, Kindern und Geldsorgen schon längst getrennt. Beiden scheint es lohnend, dafür jahrelanges Unglück und Leiden in Kauf zu nehmen. Sie ahnen, daß sie aneinander wachsen. Sie verbringen viel, sehr viel Zeit miteinander, sie tauschen eine Palette von Gefühlen miteinander aus und sie berühren sich dabei im Innersten, wenn auch durch Verletzung und Kränkung.

Wozu brauchen sie dann aber Hilfe von außen? Können Freunde, Therapeuten, Pfarrer oder andere dabei überhaupt noch helfen, oder soll den Partnern einfach zur Trennung verholfen werden?

»Alle jungen Paare gehen mit Sicherheit in den Umbruchphasen ihrer Paardynamik etwa alle 10 Jahre schweren Krisen entgegen.«

[redacted]

Ein solches Streit-Paar hat sich schon ziemlich früh verirrt im Labyrinth der Gefühle. Dafür kann es viele Gründe geben: Sie können ganz jung und naiv zusammengetroffen sein, und keiner wußte, wie eine Partnerschaft zu führen ist. Vielleicht haben sie sich sexuell nur ungenügend befriedigen können, oder es kam zu sexuellen Störungen und Verletzungen, weil einer nichts von der Sexualität des anderen verstand. Vielleicht haben sich zwei Partner aus einer kaputten Ehe kopfüber in eine neue Beziehung gestürzt, mit den alten Fehlern behaftet?

Alle Streitpaare aber haben ein gemeinsames Problem, den *Substanzkonflikt*. Jeder der beiden quält sich mit Sorgen, Fehlern und Belastungen, die er bei sich selbst nicht wahrhaben will, mit denen er nicht fertig wird, dafür aber beim anderen um so krasser und schlimmer erlebt. Mit immer neuer Wut und Heftigkeit wird der andere für das angegriffen, was einer an sich selbst nicht akzeptiert. Schließlich wird der Streit auf alle anderen Partnerbereiche ausgedehnt, um immer neues Beweismaterial gegen den anderen ins Feld zu führen.

Der Streit eines Paares ist selbstverständlich wichtiger und notwendiger Bestandteil des Partnerlebens. In der Anschauung der *Paarsynthese,* der hier zugrundegelegten Paarpsychologie mit ihrem Polaritäten-Prinzip sind Streit, Aggression und Wut als lebensnotwendige Pole einer Partnerschaft zu verstehen, gleichberechtigt gegenüber denen der Verschmelzung, Harmonie und Aussöhnung. Angesprochen sind damit alle Paare, die sich wegen jeder Kleinigkeit streiten, die sich gegenseitig permanent aufschaukeln, bei denen aus Winzigkeiten sofort Ehekrisen werden, die in einem Dauerstreit leben, bei denen eine automatische Streiteskalation eingesetzt hat und die Streitspirale sich immer höher schraubt. So vielfältig und verschieden Streitpaare und Streitpartner auch sein mögen, so sehr im Erscheinungsbild nach außen der eine als schwaches Opfer, der andere als starker Täter wirken mag, eines haben sie gemeinsam: Wer jahrelang solchen Kampf durchsteht, ist stark und zugleich hilflos.

Eine weitere wichtige Gemeinsamkeit gibt es zwischen solchen Partnern wie Helga und Olaf: Nur der muß dauernd streiten, kritisieren, nörgeln und Recht behalten, der selbst im tiefsten Innern unsicher ist, der Minderwertigkeitsgefühle bei sich selbst bekämpfen muß und dafür den andern verwantwortlich macht, der ständig um Anerkennung ringen muß und um die Gewißheit, daß die anderen ihn auch wirklich lieben. Diese innere Angst, nicht zu genügen, nicht genügend zu leisten, nicht wirklich liebenswert zu sein, nicht attraktiv und begehrenswert zu sein, treibt vorwiegend Männer zu ständig neuen Anstrengungen, sich Macht durch Beruf und Position zu verschaffen, durch ständige Kritik am anderen sich selbst als besser hinzustellen, um so mit dem eigenen Unterlegenheitsgefühl fertigzuwerden. Selbst das Sexualverhalten dieser Männer wird dadurch mitbestimmt, immer Sieger sein zu müssen.

»Der Streit eines Paares ist selbstverständlich wichtiger und notwendiger Bestandteil des Partnerlebens.«

Wichtige Formen des Streits sind: *Alibi-Streit,* durch den beispielsweise die Erkenntnis vermieden wird, daß die Partner nur wenige oder keine Gemeinsamkeiten haben; *Endlosstreit,* um Angst vor Leere zu vermeiden; *Sinnlosstreit,* um die eigene Unentschlossenheit zu tarnen; *Rundlaufstreitereien* im gegenseitigen Verhaken; *Streit, um sich selbst zu fühlen; Ersatzstreit,* um liebevolle Zuwendung zu bekommen – wie Kinder manchmal Schläge provozieren, wenn sie sonst schon nichts von den Eltern bekommen; und schließlich der konstruktive *Veränderungsstreit,* der beiden hilft, das Gleichgewicht der Kräftepotentiale wiederherzustellen.

Streiten ist eine existentielle Notwendigkeit, es gehört zum Leben wie die Luft zum Atmen, wie die Sexualität und das Glück zur Liebe. Streit ist wichtiger Bestandteil des Liebeslebens. Damit soll aber kein Freibrief für Mieslinge, Rechthaber und Besserwisser oder Familientyrannen ausgestellt werden. Die »Kunst zu Streiten« ist notwendig, um im verkleinerten, zoo-artigen Lebensraum einer Zwei- bis Vier-Zimmer-Wohnung sich einen persönlichen Entfaltungsraum schaffen zu können, die Grenzen untereinander abzustecken, da ständige Verschmelzung jedem die Luft nimmt. Darüber hinaus ist Aggression ein wichtiges Mittel, auf den anderen zuzugehen, ihn im wörtlichen Sinne anzugreifen, um sich näher kennenzulernen, Vertrauen fassen zu können, den anderen auszuloten.

Und es ist hervorzuheben, daß es ohne Aggression auch keine Lust gibt – keine Lebenslust und keine sexuelle Lust, denn ohne die Möglichkeit zur Aggression wird der Mensch allmählich depressiv: Er schluckt zuviel, verarbeitet zuviel nach innen, kann nicht expandieren.

Wie aber kann Streit gelingen?

Es gibt dafür eine einzige, alles entscheidende Regel: Jeder Streit muß mit dem Ziel geführt werden, die Beziehung zu fördern. Wirksamste Kontrolle während des Streitens ist dabei die wiederholte innere Frage an sich selbst: Wozu streite ich jetzt mit dem Partner, was will ich erreichen?

> *»Jeder Streit muß mit dem Ziel geführt werden, die Beziehung zu fördern.«*

Streit ist wichtig und notwendig als Selbstschutz und Streben nach positiver Veränderung. Streit ist gefährlich als Vernichtungsstreit, als Streben nach Macht und Vorteil, als Wunsch, den andern zu zerstören. Allerdings gibt es dabei keine Schwarz-Weiß-Eindeutigkeit. Sagt ein Partner nämlich: »Du hast angefangen«, sagt der andere: »Du hast vorher aber schon . . .« Dann werden aus der Vergangenheit Argumente ausgegraben bis ins Museum der ehelichen Verletzungen von vor zehn und zwanzig Jahren. Diese Schiebekausalität im Detail aufzuarbeiten, lohnt nicht. Die »Museumsübung« kann da helfen: Noch einmal dürfen die Streithähne alle Verletzungen, Kränkungen, Gemeinheiten und Demütigungen auspacken und einander an den Kopf schleudern, hier und jetzt bei dieser letzten Gelegenheit. Dann aber geben sie sich beide das feierliche Versprechen, das Museum für alle Zeiten zu schließen. Zwar klappt das in dieser schönen Eindeutigkeit selten, aber die Richtung wird deutlich.

Weitere Schritte sind wichtig. Ähnlich wie Angst wuchert Streit krebsartig über den ganzen Organismus, über alle Partnerbereiche weiter, sofern keine Grenzen gesetzt werden. »Verwilderte Dialoge« sind immer zerstörend. Deshalb müssen die Partner lernen, nächtelange Streitereien bis zum Morgengrauen, Streitgespräche unter Alkoholeinfluß und Einbeziehen immer neuer Konfliktfelder sofort abzubrechen. Im »Kontrollierten Dialog« statt dessen wird versucht, ein Gleichgewicht zwischen den Streithähnen durch wenige Regeln herzustellen:

– Spätestens nach fünf Sätzen dem anderen das Wort geben;

– keine neuen Streitpunkte miteinbeziehen;

– lernen, während des Streitens immer wieder nach dem Sinn zu fragen;

– Unterschiede zwischen den Partnern bekennen statt unter den Teppich zu kehren.

> *»Zu bewältigen*
> *aber*
> *sind die*
> *Schuldgefühle.«*

Diese »Entflechtung«, notfalls auch durch zeitweilige äußerliche Trennung oder im günstigeren Falle durch einen »Waffenstillstandsvertrag« oder einen Burgfrieden einzuleiten, ist Hauptziel dieser Bemühungen. Im weiteren Verlauf müssen die beiden eine Begrenzung der Konfliktherde, Abgrenzung vom anderen und »Entflechtungsregeln« schaffen, die allmählich in Fleisch und Blut übergehen.

Gerade aber bei Dauer-Streitern wird das nicht ohne therapeutische Hilfe abgehen. Die Kontrolle einer äußeren neutralen Instanz schafft für die Streitenden selbst Distanz zum eigenen Tun, hilft, die Fragwürdigkeit der eigenen Streiterei erkennen zu können.

Scheidung als Lösung

Natürlich gibt es andererseits auch eine völlig ausweglose Streitdynamik. Dann ist es allein sinnvoll, sich auf die Trennung vorzubereiten. Kommt es dann zur Scheidung, geht trotzdem meist einer von beiden unglücklich weg, voll tiefer Trauer und angstvoller Verzweiflung. Die Kunst der »Trennungstherapie« muß deshalb noch viel mehr geübt und in den Beratungsstellen angeboten werden. Scheidung ist aber nicht das Ende: nicht immer und nicht in jedem Fall, nicht für die Betroffenen und vor allem nicht für die Kinder. Immer wieder ist zu erfahren, wie Scheidung zur Erlösung wird. Zur Erlösung von jahrelanger Quälerei und gegenseitiger Zerstörung. Und je klarer und rascher diese Erlösung stattfindet, desto besser vor allem für die Kinder. Zu bewältigen aber sind die Schuldgefühle, den Kindern Vater oder Mutter genommen, generell versagt oder gar den Partner ins Unglück gestürzt zu haben.

Besonders nach christlichen Vorstellungen ist Scheidung eine Katastrophe, ein Unglück für alle und schließlich sogar eine »moralische Unordnung«, ein Verstoß gegen ein Sakrament und eine Sünde. Obwohl ich selbst Katholik bin, sehe ich nach fast zwanzig Jahren Tätigkeit als Leiter einer katholischen Eheberatungsstelle, daß Scheidung, wird sie endlich vollzogen, gerade zum Segen geraten kann. Viele der betroffenen Frauen und Männer berichten, daß sie die Scheidung als Rettung aus höchster Not erlebt haben. Seither gehe es ihnen nicht nur seelisch besser, sondern sie seien auch körperlich wieder gesund geworden. Keinen Tag hätten sie die Scheidung bereut – im Gegenteil, sie bereuten höchstens, daß sie diesen Schritt nicht viele Jahre früher unternommen hätten.

Psychologische und soziologische Untersuchungen zeigen sowohl Schäden als auch klare »Vorteile« der Scheidung für Kinder zu ungefähr gleichen Teilen auf. Es ist bekannt, daß die Einstellung der Untersucher und die Art der Fragestellung wesentlich das Untersuchungsergebnis beeinflussen – sie können von daher nicht als objektive Beweise für die eine oder andere These ins Feld geführt werden.

»Die Scheidung als dritte humane Revolution unserer Zeit.«

Aber aus der täglichen Berichterstattung, aus der Praxiserfahrung hunderter Beratungsstellen und aus vielen Falldarstellungen wird deutlich, welche Hölle auf Erden in zerrütteten Ehen von Gatten und Kindern durchlebt wird. Die klare Schlußfolgerung daraus ist, daß erst das erzwungene Festhalten an diesen oft »mörderischen« Zuständen zu innerer Verzweiflung, zur ausweglosen Katastrophe bis hin zu Mord- und Selbstmord führt; zumindest aber in Depression, Alkohol- und Tablettensucht, in Arbeitsunfällen und psychosomatischen Krankheiten endet. Fast 80% aller Selbstmorde und 30% aller Morde sind darauf zurückzuführen.

Hier ist die Brutstätte für eine Unzahl von Neurosen zu suchen, für Schrecken und Grauen zahlloser Kindergenerationen. Im erbitterten Überlebenskampf der Gefangenen des ». . . bis daß der Tod Euch scheidet –« häufen sich die seelischen Verletzungen und Wunden zu tiefen traumatischen Störungen des Gefühlserlebens im gesamten Lebensraum des Paares. In diesem Klima vor allem entstehen Aversionen, Perversionen, Anomalien und Abnormitäten. Wenn sich Tag für Tag und Jahr für Jahr Haß und Mißachtung zweier Menschen gegeneinander entladen, die in einer 90-Quadratmeter-Wohnung gefangen sind, kann kein Kind diesem Kriegsschauplatz unbeschädigt entrinnen.

Deshalb spreche ich auch von *Scheidung als Segen*. Deshalb trete ich – wie viele andere – dafür ein, an einer Eheberatungsstelle gleichberechtigt auch Trennungsberatung zu praktizieren. Die relativ leichte Scheidungsmöglichkeit, die ja erst in den sechziger Jahren erreicht wurde, war deshalb ein Meilenstein in der Befreiung unserer Gesellschaft von der Geißel der Zwangsehe. Millionen von Menschen haben dadurch erst die Chance erhalten, gesund aufzuwachsen und in einer reifen Liebe glücklich leben zu können. Neben der Revolution zur partnerschaftlich-liebevollen Kindererziehung und der revolutionären Trennung von Sexualität und Zeugung scheint mir diese zur Selbstverständlichkeit gewordene Möglichkeit der Scheidung die dritte humane Revolution unserer Zeit, die das Gesicht unserer Kultur verändern wird.

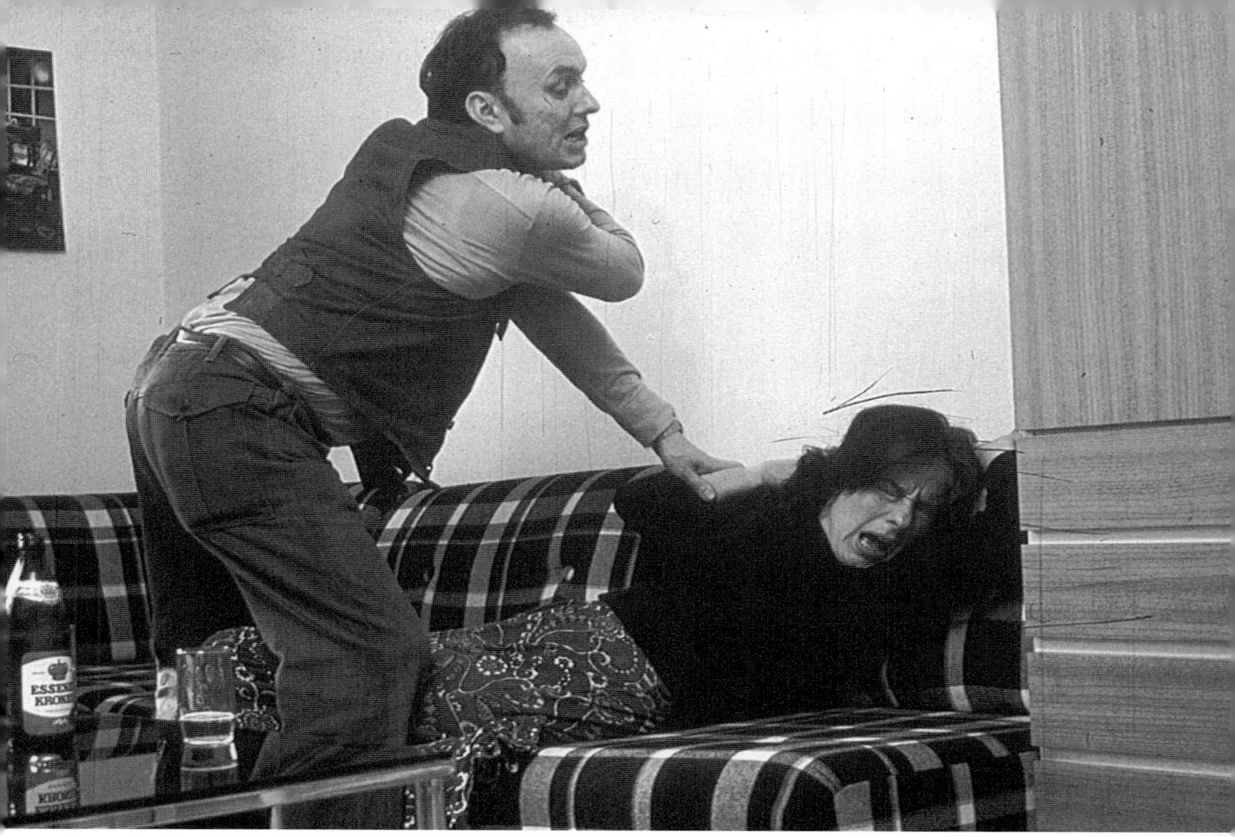

*»Aber aus der täglichen Berichterstattung,
aus der Praxiserfahrung hunderter
Beratungsstellen und aus vielen
Falldarstellungen wird deutlich,
welche Hölle auf Erden in zerrütteten Ehen
von Gatten und Kindern durchlebt wird.«*

Dennoch gilt es im Einzelfall, mit diesem Trauma der Trennung seelisch fertig zu werden. Mag der Vorgang auch ohne gesellschaftliche Ächtung oder soziale Sanktionen bleiben, bedeutet dennoch jede Trennung eines Paares, das mehrere Jahre zusammen war, für jeden Beteiligten einen krisenhaften Einschnitt und trotz aller Erlösung einen schwerwiegenden Verlust. Verloren geht nicht nur gewohnte Gemeinsamkeit und gemeinsamer Besitz, gemeinsame Sorge um die Kinder und Geborgenheit in der Familie. Verloren geht immer auch ein Teil der ureigensten Identität, denn das Zusammenleben mit dem Partner hat die eigene Persönlichkeit in wesentlichen Teilen mitgeformt. Eine solche »Identitätsentflechtung« zu leisten, fällt nicht leicht; sie läuft in bestimmtem Rhythmus und dauert oft Jahre. Diesen Identitätsverlust gilt es aufzufangen und aufzuarbeiten.

»Frei von Besitzansprüchen wird der andere in seiner unverstellten Ausstrahlung gesehen.«

Bevor es aber zu dieser Lösung kommt, müssen alle anderen Quellen ausgeschöpft und die potentiellen Kräfte des Paares zur Versöhnung in aller Tiefe ausgelotet werden. Vor jeder endgültigen Trennung soll deshalb der »Prozeß der Inneren Scheidung« stehen.

Die *Innere Scheidung* gestattet den Betroffenen eine seelische Vorbereitung auf das mögliche Loslassen, eine Orientierung in Richtung Ablösung, Alleinsein und Emanzipation vom Partner. Wird sie konsequent durchgeführt und die totale innere Ablösung vom Partner erreicht, tritt oft Paradoxes ein: Manche Paare finden wieder zusammen und können ein neues Verhältnis miteinander aufbauen. Zum notwendigen Inhalt dieser Art von Trennungsarbeit gehören deshalb fünf Schritte, die relativ systematisch aufzuarbeiten sind:

- Ende aller Kritik am anderen;
- Bitte um Verzeihung eigener Fehler;
- Was habe ich vom anderen gelernt?
- Dank für die gemeinsame Zeit;
- Zukunftsperspektiven.

Diese Liste muß Punkt für Punkt von den sich Lösenden erarbeitet werden. Dazu gehört beispielsweise, dem Partner die eigenen entscheidenden Fehler ohne Selbstschonung zu nennen, in dem Wissen darum, ihn gerade damit am meisten verletzt zu haben. Nicht formelhafte Abschiede voneinander, sondern innere Offenbarung und echtes Verzeihen in der Stunde der Wahrheit ermöglichen dann vielleicht in der immer noch gemeinsamen und wichtigen Zeit auch nach der Scheidung freundschaftlichen Umgang miteinander.

Gelingt diese Abschiedsarbeit, setzt als Folge oft eine innere Entlastung, eine Befreiung von Schuldgefühlen und ein Wiederfinden liebevoller Respektierung des anderen ein. Das selbstverständliche Recht auf den anderen erlischt, Anforderungen werden zurückgeschraubt und es entsteht ein Klima wie bei der ersten Begegnung mit diesem Menschen. Frei von Besitzansprüchen wird der andere in seiner

Atemlos (con sordino)

Ich habe keinen Atem mehr
Für jenes Wort, das einst hieß Liebe.
Von dir zu mir geht nichts mehr her.
Wir sind jetzt aneinander Diebe.
Wir stehlen uns das Leben fort,
Das liebe Leben, auch, mein Leben!
Nur einmal noch das schöne Wort
Mit Wahrheit sagen und erbeben.
Nur einmal noch im Taumel sein,
Berauscht, geblendet und gebogen,
In einer fremden Nacht allein
An einem fremden Leib gesogen
Mit diesem Übermaß von Glück
Und fühlen: es ist Liebe Liebe.
Dann hin und wieder gehn ein Stück
In fremder Stadt. Und Wind durchtriebe
Unter Platanen warm die Nacht.
Und weiß das Licht der Kandelaber,
Das Höhlen aus den Bäumen macht.
In dieser Nacht gibt es kein aber –
Wenn es nicht Liebe ist, weh mir!
Der mich umfängt, wird mich auch meinen.
Und nichts mehr zwischen mir und dir.

Tot ist die Liebe, um zu weinen.

Eva Strittmatter

unverstellten Ausstrahlung gesehen, wahrgenommen als eigenständiges und zu respektierendes Wesen.

Manchmal wird eine reale Scheidung dadurch überflüssig. Inneres Loslassen und Trauerarbeit um den Verlust des anderen kann sich in innere Autonomie verwandeln, die zur Grundlage neuer Achtung und Liebe wird.

Wird die »Innere Scheidung« aber von einem der Partner nur zum Schein mitgespielt, mit dem Hintergedanken, dadurch eben die Beziehung retten und den anderen erneut binden zu können, geht alles schief. Dann ist erst recht nichts mehr zu retten. Dann kann sich beim anderen die Erkenntnis und Erfahrung anbahnen, nur unter Manipulation, Druck und Zwang in dieser Beziehung geblieben zu sein. Wird die Trennungsangst in der Inneren Scheidung aber tatsächlich überwunden, mag die Sicht frei werden auf die Unmöglichkeiten, die Behinderungen und Unverträglichkeiten, die Fremdheit mit dem Partner. Dadurch aber kann Trennung und Scheidung bewußt und verantwortungsvoll durchlebt werden, unabdingbare Voraussetzung für die Entwicklung selbständiger und reifer Persönlichkeiten. Als solche sind die Partner offen dafür zu sehen, was sie in der gemeinsamen Zeit voneinander lernen durften und wofür sie einander danken wollen. Immerhin war es für die Betroffenen meist eine wichtige und prägende Zeit. Und selbst, wenn die Scheidung vollzogen wird, werden die Getrennten die Geschichte dieser Beziehung immer mit sich tragen. Sie wird trotz Scheidung nie enden. In der Erinnerung von Kindern, Freunden und Verwandten wird sie weiter leben. ■

Michael Cöllen, geboren 1944, ist Diplompsychologe und Psychotherapeut mit Schwerpunkt Familien- und Paartherapie. Er ist Lehrtherapeut für Integrative Therapie/Gestalttherapie am Fritz-Perls-Institut Düsseldorf, Sektionsleiter der »Deutschen Gesellschaft für Gestalttherapie und Kreativitätsförderung« (DGGK) und Begründer der »Paarsynthese«. Er lebt in Hamburg. Seine Veröffentlichungen: Laß uns für die Liebe kämpfen (München 1986); Das Paar. Menschenbild und Therapie der Paarsynthese (München 1989).

Nur androgyne Menschen können zärtlich sein

Bernhard Sill

Mann oder Frau zu sein ist die Weise, wie der Mensch ist. Zwar ein einfacher Satz, doch gehört er lange durchdacht. Zu wissen, was es für das eigene Leben bedeutet, Mann oder Frau zu sein, betrifft den Menschen als Menschen keineswegs am Rande, vielmehr in der Mitte seiner Existenz. Weder Er noch Sie können es sich leisten, nicht dem Rätsel um die Wirklichkeit Mann und um die Wirklichkeit Frau auf die Spur zu kommen. Zum Verständnis Seiner selbst und zum Verständnis Ihrer selbst gehört es schlicht und einfach hinzu, daß Er sich als Mann und Sie sich als Frau gegeben und aufgegeben weiß.

Wenn und wie der Charme von innen kommt

Die Frist eines ganzen Lebens wird man/frau brauchen, um es im Handwerk des Lebens zu einer gewissen Meisterschaft zu bringen, und dabei wird es nicht zuletzt darauf ankommen, ob und wie man/frau sich darauf versteht, das Leben entsprechend als Mann oder als Frau zu leben. Leicht hat man/frau sich damit gewiß nie getan, und von einer beiläufigen Angelegenheit oder gar belanglosen Nebensächlichkeit kann hier auf keinen Fall die Rede sein. Selten freilich war die Antwort auf die Frage »Wie sein Leben als Mann oder Frau leben?« so wenig selbstverständlich wie in unseren Tagen. Mann und Frau sind heute auf der Suche nach einer neuen geschlechtlichen Identität und nach neuen Formen des Umgangs miteinander. Die gegenwärtige Situation trägt alle Kennzeichen eines epochalen Umbruchs. In und zwischen den Geschlechtern tut sich seit geraumer Zeit etwas, ist ein Prozeß in Gang gekommen, getragen von Menschen, denen »das Gestern nicht mehr, und noch nicht das Morgen gehört« *(Rainer Maria Rilke)*.

Man/frau sucht Neues zu erproben, das an die Stelle des Alten treten soll und kann. Theorie und Praxis greifen in den heutigen Suchbewegungen nach einer neuen geschlechtlichen Humanität für den Mann und für die Frau mannigfaltig ineinander, und daß das nicht ohne »trial and error« abgeht, liegt auf der Hand. Immerhin hat sich inzwischen herumgesprochen, daß die »Frauenfrage« auch »Männersache« ist und daß es geschlechtliche Humanität nur dort gibt, wo es für beide Geschlechter den »aufrechten Gang« *(Ernst Bloch)* gibt. Deutlich geworden ist zudem, daß mit dem sich wandelnden Verständnis der Frau auch ein sich wandelndes Verständnis des Mannes einhergeht, und daß solches nicht ohne Folgen für das Verhältnis von Mann und Frau zueinander bleibt. Beiden mannigfach miteinander verschränkten Vorgängen muß die Aufmerksamkeit des wachen Zeitgenossen gelten.

Nicht zuletzt in wacher Zeitgenossenschaft mag man mit Fug und Recht das »Amt« der Schriftsteller sehen, deren Werke immer auch Stimmen der Zeit sind, der sie entstammen. Das lyrische, epische und dramatische Schaffen der Schriftsteller einer Zeit ist wohl immer so etwas wie eine »Zeitansage«, im übertragenen Sinn des Wortes freilich. Schriftsteller, die diesen Namen verdienen, schreiben mit wachen Sinnen, haben ihr Ohr ganz nah am »Puls der Zeit«; daher können ihre Werke so etwas wie ein Gefäß für die Anliegen der Zeit, in der sie schreiben, sein.

Mit seismographischer Exaktheit protokollieren Schriftsteller unterschiedlichster Couleur in unseren Tagen namentlich die »Irrungen und Wirrungen« *(Theodor Fontane)* im Verständnis wie im Verhältnis von Mann und Frau. Ein Blick in den Spiegel der Gegenwartsliteratur kann sich da nur lohnen, und diene er nur dem einen Zweck, die Komplexität anzudeuten, die der Wirklichkeit Mann und der Wirklichkeit Frau in ihrem schicksalhaften Miteinander fraglos eigen ist und die es nicht gestattet, die Dinge einlinig, einfach und einfältig zu betrachten und entsprechend einlinige, einfache und einfältige Konzepte sich zurechtzubasteln.

Kontaktsperre

Es ist gerade zehn Jahre her, da trat der Sozialwissenschaftler und Philosoph *Jürgen Habermas* an eine Reihe namhafter Persönlichkeiten aus dem geistigen Leben der Gegenwart mit der Bitte heran, Stichworte zur geistigen Situation der Zeit zu benennen und zu dem jeweils gewählten Stichwort einen Beitrag zu verfassen. Es ging seinerzeit eine stattliche Anzahl von Beiträgen ein, die dann unter dem Titel »Stichworte zur geistigen Situation der Zeit« in einer zweibändigen Ausgabe 1979 im Suhrkamp-Verlag erschienen. *Fritz J. Raddatz,* ein exzellenter Kenner vor allem der zeitgenössischen Literatur, hatte seinen Beitrag seinerzeit unter

> *»Koitus ohne*
> *Koexistenz ist . . .*
> *eine*
> *dämonische*
> *Angelegenheit.«*
>
> *Karl Barth*

das Stichwort »Kontaktsperre« gestellt. Tatsächlich! Ein flächiger Blick in die Zeugnisse der Gegenwartsliteratur genügt bereits, und wieder und wieder lassen sich dort Paare entdecken, denen eines einfach nicht gelingen will: tragfähige und verläßliche »Kontakte« zueinander zu finden. Zu zahlreich sind inzwischen die schriftstellerischen Seismogramme gestörter, verstörter und zerstörter »Kontakte« zwischen Mann und Frau in den Werken der Gegenwartsliteratur, als daß solches nicht zur Kenntnis von Hirn und Herz von jedermann und jederfrau gelangen müßte.

Geschichten – nicht wie zwei Menschen sich finden, sondern wie sie sich verlieren – werden von den Schriftstellern unserer Tage neuerdings erzählt. Trennungsgeschichten statt Liebesgeschichten sind die Domäne der Gegenwartsliteratur. Die Männer und Frauen, die sprechend und handelnd in den Werken der Gegenwartsliteratur auftreten, haben allesamt zur Liebe kein oder kaum Talent. In den Werken der Gegenwartsliteratur fallen die Paare nur so auseinander. Mit ziemlicher Regelmäßigkeit kommt ein in vielerlei Hinsicht symptomatisches »Drei-Stadien-Gesetz« zur Anwendung, das da lautet: »Konsens – Konflikt – Konkurs«. Selten einmal ein Paar, das nicht die Schritte vom Miteinander zum Gegeneinander und dann zum Auseinander tut. Nichts auf dem weiten Feld der Gegenwartsliteratur, das so oft fehlschlägt wie die Sache mit Mann und Frau. Schilderungen über Schilderungen von Paaren in der Gegenwartsliteratur, die früher oder später Konkurs anmelden, weil eine heimtückische »Kontaktsperre« es so verfügt hat. Im Klartext heißt dies: Das Wunder Liebe findet nicht statt. Schade für den Mann, schade für die Frau.

Wohl oder übel ist zuzugeben: In der literarischen Landschaft der Gegenwart ist eine Liebe zwischen Mann und Frau meist etwas, das nicht oder kaum gelingt. Statt »ins Gelingen verliebt« *(Ernst Bloch)* zu sein, sind die Gestalten der Gegenwartsliteratur in Sachen »Liebe« offenkundig von Kopf bis Fuß auf Scheitern eingestellt. Ein tristes Fazit, das nachdenklich stimmt: Texte der Gegenwartsliteratur sind Studien einer wachsenden Ferne, nicht Studien einer wachsenden Nähe zwischen Mann und Frau.

Schenkt man der seismographischen Kunde der Gegenwartsliteraten Glauben, scheint die Parole für den Umgang, den Männer und Frauen miteinander pflegen, zu lauten: »viel Körper – wenig Seele«. Folglich heißt die wechselseitige Aufforderung von Mann und Frau aneinander: »Let me hear your bodytalk!«. Paare, die sich auf sexuellen »bodytalk« verstehen, gibt es in der Gegenwartsliteratur zur Genüge. Eifrig und hungrig werden meist flüchtige sexuelle Kontakte gesucht, kommen sich zwei Körper einander nahe, die Seelen bleiben außen vor, und warum das nicht okay finden?!

Näherhin sieht das dann so aus, wie es der 1944 geborene Schriftsteller *Botho Strauss,* fraglos einer der empfindlichsten Seismographen unter den Schriftstellern der Gegenwart, in seinem 1981 erschienenen Buch »Paare, Passanten« beschreibt. In einer der dort niedergelegten Aufzeichnungen heißt es einmal:

> „Von Zeit zu Zeit, wenn ihr eben danach ist, sucht sie einen gut gekleideten, kräftigen Burschen auf und er ist meist für sie da. Sie muß dafür nicht bezahlen. Sie sind Körperfreunde, sie wissen wenig voneinander, nichts Tieferes, vom Lebensweg des anderen nur eben soviel, wie man in Zigarettenpausen spricht und dann leicht vergißt. So wird es getan, genauso wie es in tausenden Magazinen schon beschrieben und sogar empfohlen wurde. So vorbildlich helfen sich hier zwei, die es vorziehen, allein und ungebunden zu leben. Vor dem Haus streichelt sie dem Mann in seinen weißen Hosen zum Abschied über die Wange. Weich und dankbar sieht es aus, lebensklug und nicht frivol. Eine umfassende Gebärde gleichwohl für die lasche Güte und die Auswegsfülle, in der mittlerweile das Lieben abseits der Liebe verläuft."

»Körperfreunde«, die sich auf das »Lieben abseits der Liebe« verstehen, wie *Botho Strauss* das nennt, gibt es in der zeitgenössischen Literatur mehr als genug. »Seelenfreunde« sind die Männer und Frauen, die in den lyrischen, epischen und dramatischen

Werken der Gegenwart anzutreffen sind, weiß Gott nicht, wollen es auch gar nicht sein. Selten früh genug, aber fast immer zu spät müssen sie allerdings einsehen, daß es überhaupt keinen Sinn macht, daran zu glauben, die »Vivisektion« von Körper und Seele sei mit Erfolg zu handhaben; sie ist es allen gegenteiligen Auskünften zum Trotz nie und nimmer.

Wünschenswert ist auf keinen Fall, daß »das Lieben abseits der Liebe verläuft«, und Liebe – so viel steht einmal fest – verlangt nicht nur ein bißchen Seele. »Körperkontakte« allein genügen nie, sie allein können zwischen Mann und Frau keinen dauerhaften Kontakt schaffen. Soll es zwischen Mann und Frau etwas geben, das nicht verweht im »Flugsand der Stunden« *Rainer Maria Rilke),* dann ist die Tatsache, daß es zwischen einem Mann und einer Frau einen »Seelenkontakt« gibt, mindestens so wichtig wie die Tatsache, daß sie einen »Körperkontakt« miteinander haben. Die Sprache des Körpers ohne die Sprache der Seele muß zwangsläufig immer lieblos sein.

Von Revolutionen weiß man, daß sie am Ende meist ihre eigenen Kinder fressen. Offenkundig macht die sexuelle Revolution, deren Anführer eifrigst dazu angetreten waren, Männer und Frauen zu kontaktfreudigen sexuellen »Körperfreunden« zu machen, da keine Ausnahme. Auch sie fraß und frißt noch immer ihre eigenen Kinder, nämlich alle die, die es immer noch nicht glauben wollen, daß Lust und Frust überall dort zusammen ihr Stelldichein geben, wo Männer und Frauen in vivsektorischer Manier so körperbetonten wie seelenlosen Sex miteinander haben, dessen Widersinn unter den Schriftstellern der Gegenwart nicht nur *Botho Strauss* entlarvt. Niemand wird den sexuellen Revolutionären der 68er Generation vorwerfen, daß sie für eine befreite Körpersprache der Sexualität eintraten; wohl aber ist ihnen anzukreiden, daß sie die seelische Dimension dabei vielfach übersahen.

Sexualität zwischen Mann und Frau ist nie nur eine Sache des Spiels der Körper, bei dem die Seele am allerbesten aus dem Spiel bleibt. Wer es immer noch nicht glaubt, daß eine seelenlose sexuelle Körpersprache immer lieblos ist, der blättere einmal in den autobiographischen Texten der Schriftstellerin *Verena Stefan,* die sie unter dem Titel »Häutungen« 1975 veröffentlicht hat. Daß dieses kleine Buch zu einem heimlichen Bestseller und zu einer wichtigen literarischen Publikation des Feminismus in der Bundesrepublik Deutschland wurde, liegt zu einem guten Teil daran, daß es die entwürdigende Praxis eines Körperkontakts geißelt, der so gar nicht die Sprache einer »herrschaftsfreien Kommunikation« spricht. Die eindrückliche Textpassage in den »Häutungen« von *Verena Stefan* lautet:

> “Der eine küsste leidenschaftlich und wild, so daß ich zähne spürte, nichts als zähne –
> Und ich küsste leidenschaftlich und wild.
> Der andere küsste sanft und fand alles andere unreif und unerwachsen –
> Und ich küsste sanft und erwachsen.
> Der eine mochte die beine geschlossen, der andere offen und flach, der nächste offen und um seinen rücken –
> Und ich hielt die beine geschlossen oder offen und flach oder offen und um seinen rücken.
> Der eine wollte die ganze nacht durchmachen, der andere konnte nur einmal –
> Und ich machte die ganze nacht durch oder konnte nur einmal.
> Der eine wollte sich immer genital vereinigen, der andere fand es nicht so wichtig –

Und ich vereinigte mich immer genital oder fand es nicht so wichtig.

Der eine konnte nur in seinem bett einschlafen, der andere musste sich wegdrehen, der nächste wollte dicht beisammen lieben –

Und ich schlief nur in meinem Bett ein oder drehte mich weg oder blieb dicht beisammen liegen. ”

Drastisch führt hier die Schriftstellerin *Verena Stefan* ihren Leserinnen und Lesern das fatale System einer sexuellen Körpersprache vor Augen, das durch und durch sexistisch ist, eben weil es seelenlos ist. Daß sie es in sprachlich so gekonnter Weise tut, ist ihr gewiß zu danken. Soll nicht die Sprache einer kruden Sexualität zwischen Mann und Frau den Ton angeben, braucht es nichts so dringend wie eine erotische Kultur. Doch nach etwas, was einer solchen auch nur im entferntesten ähneln würde, sucht man nicht nur in den »Häutungen« der Verena Stefan vergeblich. Wohin man auf dem weiten Feld der Gegenwartsliteratur auch schaut, in Sachen »erotische Kultur« muß die einzig gültige Auskunft lauten: praktisch Fehlanzeige. Die Zeugnisse der Gegenwartsliteratur beim Wort nehmen heißt sie als die nehmen, die sie sein wollen, nämlich: nicht so sehr Zeugnisse einer gefundenen als vielmehr Zeugnisse einer gesuchten erotischen Kultur, der Kultur einer Liebe zwischen Mann und Frau, die über allem Körperlichen das Seelische nicht vergißt, eine Liebe, von der sich wissen ließe, »daß ohne sie unser Leben nicht unser Leben wäre«, wie es der tschechische Autor *Milan Kundera* in seinem 1987 in Deutsch erschienenen Roman »Die unerträgliche Leichtigkeit des Seins«, mit dem ihm eine überzeugende Liebesgeschichte gelungen ist, einmal anmerkt.

sieben geliebte

meine erste geliebte
heißt nicht laura und nicht liliana
sie tanzt nicht und schläft nicht und lebt
nicht
gleicht sie nicht gott

meine zweite geliebte
öffnet die fenster zum jungen april
ich seh die jubelnden lerchen steigen
wie schön muß sie sein

meine dritte geliebte
ist reich bis über die schultern
sie schenkt mir ruhe und lust, ganz wie
sie will
ihre bekanntschaft bleibt sie mir schuldig

meine vierte geliebte
lahmt. als ich mich umblickte
da wir die gestrafte stadt verließen
streifte mein blick ihr bein

meine fünfte geliebte
ist mir beim küssen
ins weinglas gefallen. sie ist dahin
und kommt nicht mehr woher

meine siebte geliebte
ist dieselbe wie die sechste
ich habe sie doppelt. immer müssen
sie wegen sich weinen

Gerhard Falkner

Um einem Paar die Liebe wirklich glauben zu können, müßte es eine Liebe leben, die wesentlich ein »Gefühl für die Gestalt des anderen« *(Peter Handke)* ist. Sich seelisch in einen anderen Menschen einfühlen zu können, und dies täglich und stündlich neu, wie anders sollte man treffender von der Kunst zu lieben reden? So und nicht anders wäre die Liebe zwischen Mann und Frau ein einfühlend-einfühlsamer Kontakt von Seele zu Seele, und wo es dieses »Gefühl für die Gestalt des anderen« – aus der Seele kommend und von Seele zu Seele gehend – gibt, da kann es eine lieblose Sprache zwischen Mann und Frau, die körperlich vergewaltigt und seelische Wunden schlägt, einfach nicht (mehr) geben.

Gekonnt will sie freilich erst einmal sein – eine Liebe, die ganz »Gefühl für die Gestalt des anderen« ist. Sich auf sie zu verstehen ist schon eine Kunst. Und Kunst hat – wie man weiß – mit Können zu tun. Überall dort, wo das Miteinander von Mann und Frau die Gestalt des Glück(en)s annimmt, ist stets dieses »Gefühl für die Gestalt des anderen« wesentlich mit dafür verantwortlich. Die Kunst, als Mann und Frau einen Umgang miteinander zu pflegen, der sich am »Gefühl für die Gestalt des anderen« orientiert, ist fast schon der Gipfel der Geschlechterliebe.

Standpunkte

Daß sich in unseren Tagen ein epochaler Umbruch der Geschlechterfrage vollzieht, ist eine jedermann und jederfrau einsichtige Tatsache. Herkömmliche Lösungen der Geschlechterfrage wie die in der Gefolgschaft von *Friedrich Schiller*s »Lied von der Glocke« – »Der Mann muß hinaus / Ins feindliche Leben (. . .) Und drinnen waltet / Die züchtige Hausfrau« – wollen heutzutage in keinen einsichtigen Kopf mehr gehen.

»Beide Geschlechter können sich nur gemeinsam befreien.«

Horst Eberhard Richter

Die Chronik der laufenden Ereignisse weist einige nennenswerte Eintragungen auf:

– Das »Splitting« der menschlichen Natur in den männlichen Bezirk des »Draußen« und den weiblichen Bezirk des »Drinnen« wird mehr und mehr in seiner Gültigkeit angezweifelt.

– Daß eine Ordnung einst als naturgegeben und gottgewollt angesehen wurde – hier die drei K's des »schwachen« Geschlechts – »Küche, Kirche, Kinder« – und hier die drei großen W's des »starken« Geschlechts – »Wirtschaft, Wissenschaft, Weltpolitik« –, ist kein Hindernis (mehr), sie grundsätzlich in Frage zu stellen.

– Vielerorts sind Frauen und Männer sich nicht mehr so sicher, ob eine Sicht, die Mann und Frau als Polaritäten denkt, überhaupt die richtige Art sein kann, die Geschlechterfrage zu lösen.

– Zweifel sind aufgekommen bei Männern wie bei Frauen, ob es wirklich angemessen ist, kraft eines kühnen ontologischen (!) Urteils einen Katalog geschlechtsspezifischer Merkmale aufzustellen, wie ihn die folgende Tabelle zeigt:

Mann	Frau
Draußen	Drinnen
Öffentlichkeit	Häuslichkeit
Verstand	Gefühl
Aktivität	Passivität
Rationalität	Emotionalität
Stärke	Schwäche
Ehre/Würde	Anmut/Schönheit
Strenge	Güte
erwerbend	bewahrend
gebend	empfangend

Geistesgeschichtlich betrachtet ist das polare Denken in der Geschlechterfrage ein Kind der Romantik. Hinter ihm steht die romantische Geistesart, in aller Geschlechterliebe eine Art magnetischer Kraft am Werk zu sehen ganz im Sinne der Regel »Gegensätze ziehen sich an«. Für das Empfinden der romantischen Dichter und Denker waren Mann und Frau solche Gegensätze, die ein erotischer Magnetismus mit elementarer Gewalt in seinen Bann schlägt, und je männlicher der Mann um so fraulicher die Frau, desto größer die Macht, mit der es beide zueinander zieht.

Die Vertreter eines polaren Denkens in der Geschlechterfrage hatten keine Hemmungen, eine zeitlos gültige »Metaphysik der Geschlechter« zu konzipieren, und sie waren kühn genug, ganze Listen typisch männlicher und typisch weiblicher Eigenschaften (das »ewig Weibliche« und das »ewig Männliche«) – gestern so gültig wie heute und morgen – anzulegen. Ihrer sexualanthropologischen Konzeption zufolge hat der Mann ein *exklusiv* männliches Daseinsthema und die Frau ein *exklusiv* weibliches Daseinsthema zu erfüllen. Der Mann ist ganz männlich und die Frau ist ganz weiblich; beide sind *gleichwertig*, aber *andersartig*.

Nach wie vor klingt es wie ein gar nicht so fernes Echo polaren Denkens in der Geschlechterfrage, wenn es einerseits heißt »Männer lassen lieben« *(Wilfried Wieck)* und andererseits Frauen tun alles »Ihm zuliebe« *(Irmgard Hülsemann)*, um mit zwei Titeln des Buchmarkts zu sprechen; reizvoll insofern, als die genannte Autorin und der genannte Autor ein Paar sind, aus eigener Erfahrung also wissen, wie viel oder wie wenig eine polare Struktur, das Verhältnis von Mann und Frau zu regeln, taugt oder nicht. Im allgemeinen und im besonderen nicht sehr viel, lautet die übereinstimmende Auskunft beider, und ihre »sententia communis« können sie mit mitten aus dem Leben gegriffenen Belegen transparent machen. Was *Wilfried Wieck* und *Irmgard Hülsemann* in ihren Büchern vorführen, ist der existentiell erlittene Bankrott der polaren »Lösung« der Geschlechterfrage, die keine praktikable ist und nie eine praktikable war, weil sie ihrer inneren Logik gemäß in eine »Sackgasse« führt, wo Sie (ihn) liebt und Er (sich) lieben läßt und damit das polare »Splitting« sich selbst dann ad absurdum führt.

Alles in allem stößt das polare Denken in der Geschlechterfrage allenthalben auf eine doppelte Skepsis. Skepsis zum einen bezüglich des Versuchs, zeitlose geschlechtsspezifische Merkmale festzuschreiben, Skepsis zum anderen bezüglich des Versuchs, die Differenz der Geschlechter streng gegensätzlich – chemisch reine Männlichkeit und chemisch reine Weiblichkeit – zu denken.

Daß das polare Modell eine taugliche Denkfigur bildet, das Rätsel der Geschlechterfrage zu lösen, wird hier und heute von einer wachsenden Zahl humanwissenschaftlicher Beiträge, die sich vor allem unter psychologischem, soziologischem und pädagogischem Blickpunkt der Geschlechterfrage nähern, eigentlich als seriöser wissenschaftlicher Standpunkt nicht mehr vertreten. Allerorts die ernstliche Suche nach einem neuen Modell als tragfähiger Basis einer der geschlechtlichen Wirklichkeit von Mann und Frau angemessenen Sicht. Daß der Schweizer *Carl Gustav Jung,* neben *Sigmund Freud* und *Alfred Adler* einer der drei großen Pioniere der Tiefenpsychologie, hier einen gangbaren Weg gewiesen hat, ist häufig zu hören und zu lesen, und das nicht von ungefähr. Ein Blick in die Werkstatt der Analytischen Psychologie *Carl Gustav Jungs* zeigt, wieso und warum.

Seelenkontakt

Zweifellos ist es das Verdienst der Seelenkunde *Carl Gustav Jungs,* die Geschlechter-Debatte um einen maßgeblichen Beitrag bereichert und um ein gutes Stück vorangebracht zu haben. Die Stimme der Analytischen Psychologie *Carl Gustav Jungs* klingt nämlich keineswegs nur in wissenschaftlichen Studien zur Geschlechterfrage öfters an, ist inzwischen längst zu einem guten Teil »Allgemeingut« geworden. Da es nicht angeht, dafür den Zufall verantwortlich zu machen, bleibt eigentlich nur, anzunehmen, es müsse die Seelenkunde *Carl Gustav Jungs* tatsächlich wohl eine kundige Kunde von der geschlechtlichen Natur des Menschen sein. *Carl Gustav Jung* hat der geschlechtlichen Seite des menschlichen Seelenlebens im Gesamt seiner Seelenkunde einen Platz in der Mitte zugewiesen. Seine Konzeption einer Sexualpsychologie bildet nicht von ungefähr ein Kernstück seiner Lehre. Nicht anders als der Tiefenpsychologe *Sigmund Freud* sieht der Tiefenpsychologe *Carl Gustav Jung* den Traum als die »via regia« zum unbewußten Seelenleben des Menschen an. Erklärtes Anliegen auch seines psychologischen Schaffens ist es, die in seinen Augen symbolträchtige Traumsprache der Seele tiefenhermeneutisch zu entschlüsseln.

Im Zuge seiner seelenärztlichen Reisen ins Traumland der Seele konnte er in den Träumen von Männern immer wieder die Gestalt einer »Traum-Frau« und in den Träumen von Frauen immer wieder die Gestalt eines »Traum-Mannes« feststellen. Traumbilder von Frauen in der Seele des Mannes und Traumbilder von Männern in der Seele der Frau – für den Seelenforscher *Carl Gustav Jung* eine erklärungsbedürftige Tatsache. Die Traumdeutung *Carl Gustav Jungs* machte sich darauf den folgenden Reim: In der Gestalt der »Traum-Frau« erkannte sie die Personifikation des weiblichen Anteils in der Psyche des Mannes und in der Gestalt des »Traum-Mannes« den männlichen Anteil in der Psyche der Frau.

> *»Und vielleicht sind die*
> *Geschlechter*
> *verwandter,*
> *als man meint . . .«*
>
> *Rainer Maria Rilke*

Wenn *Carl Gustav Jungs* psychologischer Tiefsinn hier nicht trügt, dann lag schon die Weisheit des Volksmundes goldrichtig, indem

*»Traumbilder
von Frauen
in der
Seele
des Mannes
und
Traumbilder
von Männern
in der Seele
der Frau.«*

sie geltend machte: »Jeder Mann trägt seine Eva in sich und jede Frau ihren Adam«. Daß kein Mann so männlich ist und keine Frau so weiblich, daß Er nicht ein »inneres Weibliches« und Sie nicht ein »inneres Männliches« in der eigenen Seele birgt, ist eine weise alte Nachricht aus dem nächtlichen Traumreich der Seele. Die wissenschaftliche Psychologie *Carl Gustav Jungs* ließ sich nur allzugern von diesem Dunkel erleuchten.

Vom Standpunkt der Analytischen Psychologie *Carl Gustav Jungs* aus betrachtet, gibt es das »Nur-Männliche« und das »Nur-Weibliche« so wenig wie ein hölzernes Eisen. Im einen Geschlecht lebt stets auch etwas vom anderen Geschlecht. Freilich ist es aus dem Blickwinkel der Analytischen Psychologie *C. G. Jungs* eines, eine gegengeschlechtliche Seite seelisch zu haben, und ein anderes, den rechten Umgang mit ihr zu pflegen. Für nicht gerade wenige Männer und Frauen mag auch heute noch der Gedanke, nicht exklusiv männlich und nicht exklusiv weiblich zu sein, etwas Unerträgliches an sich haben. Und der eine oder andere Er oder die eine oder andere Sie mag *Carl Gustav Jungs* Rede von einem weiblichen Anteil in der Psyche des Mannes und von einem männlichen Anteil in der Psyche der Frau als blanke Zumutung zurückweisen wollen, zumal dann, wenn Er oder Sie das eigene Geschlecht für das bessere hält.

Das »Meisterstück«

Doch täten beide gut daran, sich im Gefolge der alles andere als willkürlichen Einsichten der Tiefenpsychologie *Carl Gustav Jungs* möglichst bald eines Besseren belehren zu lassen. Wissen könnte und sollte es eigentlich längst jeder Mann und jede Frau: Es gilt mit dem »anderen Geschlecht« nicht nur *extrapsychisch,* sondern auch *intrapsychisch* zu leben. *Carl Gustav Jung* ist nicht müde geworden, hierzu zweierlei zu sagen: daß erstens das eine mindestens so wichtig ist wie das andere und daß zweitens das eine mit dem anderen ausgesprochen viel zu tun hat.

Carl Gustav Jung wählte den Ausdruck »Anima«, um den intrapsychischen gegengeschlechtlichen Anteil in der Psyche des Mannes, und den Ausdruck »Animus«, um den intrapsychischen gegengeschlechtlichen Anteil in der Psyche der Frau zu kennzeichnen. Animus und Anima sind für ihn Faktoren von höchster psychischer Wichtigkeit. Sie angemessen zu bewältigen, nennt er das »Meisterstück« der Individuation, des Wegs der Seele zu ihrer reifen Vollgestalt. Worauf nämlich dem Dafürhalten *Carl Gustav Jungs* nach alles ankommt, ist, im Zuge der seelischen Reifung sich als Mann mit seiner Anima und sich als Frau mit seinem Animus bekanntzumachen, also die gegengeschlechtliche Qualität der eigenen unbewußten Seele zu entdecken, sich auf sie einzulassen, um sie ans eigene Seelenleben anzugliedern und sie nicht »ausgesetzt auf den Bergen des Herzens« (Rainer Maria Rilke) künftig weiter ihr Dasein fristen zu lassen.

Mit ihrer programmatischen Auskunft über die Wirklichkeit eines weiblichen Elements im Seelenleben des Mannes und eines männlichen Elements im Seelenleben der Frau fungiert die Analytische Psychologie *Carl Gustav Jungs* dankenswerterweise als Stimulans einer längst überfälligen Korrektur des polaren Denkens in

Nichts ist mir unwichtig an dir,
ich übe es, dich ganz zu lieben.

Dein Körper ist wie ein Instrument,
das mich in Musik taucht,
wenn ich es richtig berühre.
Die Schwingungen erfüllen die Luft
und dringen in mich ein.
Wenn ich deine Haut berühre,
ist sie ein Spiegel meiner Sehnsucht.
Dein Körper ist viel mehr
als nur dein Körper,
und wenn ich dich berühre,
betaste ich deine Seele.
Da will ich dich lieben.

Deine Gefühle
sind die Jahreszeiten deiner Seele.
Ich will lernen sie zu verstehen,
in ihrer Sommerwärme und Winterkühle,
da wo sie sich auftun oder verschließen.
In jeder Veränderung will ich üben,
dich zu lieben mit meinem ganzen Wesen,
in der Gewißheit, daß jedes Gefühl
etwas von dir zeigt,
dem meine Liebe begegnen kann.
Da will ich dich lieben.

Deinem Sehnen und Suchen
nach letzten Dingen,
nach dem, was die Welt zusammenhält,
nach Gott und dem Sinn,
diesem Suchen und Sehnen
stehe ich staunend gegenüber.
Ich bin Zeuge deines Wunsches,
nach Hause zu gelangen,
die Heimat zu finden,
die Ursprung und Ziel deines Lebens ist.
Da will ich dich lieben.

Ich will erfinderisch werden
auf den Wegen der Liebe
und den Ausdruck suchen,
der dich abholt, trägt und herausfordert.

Ulrich Schaffer

[redacted]

der Geschlechterfrage. Der Sichtweise eines Modells, das die Differenz der Geschlechter streng polar denkt, kann und will die Analytische Psychologie *Carl Gustav Jungs* nicht beipflichten und hofft mit ihrem Konzept von Animus und Anima einem wirklichkeitsgerechteren Erfassen der Geschlechterfrage dienlich zu sein. Geholfen wäre dem Mann, geholfen wäre der Frau – folgt man der seelenkundlichen Logik der Analytischen Psychologie *Carl Gustav Jungs*, wenn beide es fertigbrächten, etwas vom Gegengeschlechtlichen im eigenen Seelenleben zuzulassen und sich mit ihm vertraut zu machen. Denn laut *C. G. Jung* braucht eine gute Männlichkeit die seelische Repräsentanz eines weiblichen Elements ebenso wie eine gute Weiblichkeit die Repräsentanz eines männlichen Elements.

Sich in seiner Geschlechtlichkeit psychisch stimmig zu bewältigen heißt folglich immer auch, die gegengeschlechtlichen Kräfte in sich selbst aufzufinden, sie in ihrer seelischen Dynamik zu klären und sich nicht zuletzt um ihre schöpferisch Integration in den Haushalt des eigenen Seelenlebens zu sorgen. Wo und wann dies gelingt, dort und da wird das psychische Profil des neuen Mannes und der neuen Frau sichtbar, und das trägt deutlich zu einer besseren seelensprachlichen Verständigung zwischen den Geschlechtern bei. Daß die Zahl der neuen Männer und neuen Frauen stetig wächst, ist die Hoffnung, die die Analytische Psychologie für die Zukunft hegt.

Die mangelnde Fähigkeit, in einen echten Kontakt miteinander zu kommen, ist keineswegs mehr nur Sache einzelner Paare, und zudem wird über die seelische Zerrissenheit beider Geschlechter unaufhörlich Klage geführt. Nichts ist da so gefragt wie der tragfähige Kontakt von Mann zu Frau und von Frau zu Mann. Jeder Mann und jede Frau hätte ihn gern. Doch wie ist er zu haben? Die ärztliche »Seelsorge« *Carl Gustav Jungs* hat sich gerade dieser Frage ziemlich gewissenhaft angenommen. Er wußte nur zu gut: An einem gelingenden »Seelenkontakt« zwischen Mann und Frau hängt letztlich alles Weitere, und Mann und Frau müssen in erster Linie einander seelisch etwas zu geben haben, soll ihr Miteinander auf Dauer glücken. Wohl aus diesem Grunde galt seine ungeteilte Aufmerksamkeit der seelischen Komponente im Verhältnis der Geschlechter, fand vor allem die Frage, was den Seelenkontakt zwischen Mann und Frau fördert und hemmt, sein forschendes Interesse.

Den Ausgangspunkt seiner Überlegungen bildet die psychische Tatsache, daß das unbewußte Seelenleben dem bewußten Seelenleben immer wieder einmal einen Streich spielt. Projektion heißt der fachliche Ausdruck dafür, und das meint einen seelischen Vorgang, der den Menschen regelmäßig in den Bann von Bildern aus sozusagen eigener seelischer Produktion schlägt. Innerseelische Bilder, die das Unbewußte mit Vorliebe ins Spiel bringt, sind solche von Mann und Frau. Sie liegen sozusagen als »Dias« in der Seele bereit, fehlt nur noch ein Projektionsträger (»Leinwand«), und schon kann die Projektion erfolgen. Faktisch werden diese innerseelischen Bilder dann in der alltäglichen Wirklichkeit auf ganz konkrete männliche und weibliche Personen projiziert, einigermaßen tückisch für den seelischen Umgang, den Männer und Frauen miteinander haben.

Die eigenen unbewußten gegengeschlechtlichen Seelenbilder auf ein entsprechendes Gegenüber projizieren heißt blind sein für das wirklich begegnende Gegenüber, das als es selber gar nicht in den Blick kommen kann, weil es eben nur als Projektionsfläche dient. Projektionen sind notwendig mit einer Täuschung verbunden. Wer einer Projektion erliegt, täuscht sich mal in kleinerem, mal in größerem Umfang. Eine Täuschung ist freilich immer im Spiel, und je früher es zu Ent-Täuschung kommt, desto besser für alle Betroffenen.

Freier Blick!

Zu tragischen Mißverständnissen und heillosen Verwicklungen im Verhältnis zwischen Männern und Frauen kommt es nicht zuletzt infolge eines zuweilen förmlichen Hagels von Projektilen unterschiedlichster Art, die vom Lager des einen Geschlechts in das Lager des anderen Geschlechts wechseln und auf beiden Seiten einigen Schaden anrichten. Daß es an »Feindbildern« zwischen Männern und Frauen nicht mangelt, welche »Mannsbilder« und »Weibsbilder« in zwei feindliche Lager spalten, dafür zeichnen kollektive Projektionen verantwortlich. »Ist Mann wirklich so, wie Frau ihn sieht?« und »Ist Frau wirklich so, wie Mann sie sieht?« – lautet die Frage, die hier zu stellen ist. Solange Projektionen (noch) die Sicht trüben, muß die Antwort ohne jedes Wenn und Aber lauten: Nein! Männer und Frauen lernen einander erst dann wirklich kennen, wenn sie in der Lage sind, den unbewußten Störfaktor Projektion auszuschalten und damit den Blick füreinander frei zu kriegen. Männer sollten ihre weibliche und Frauen ihre männliche Seite kennen und entfalten. Andernfalls haben sie keine Chance, sich aus den Fußangeln wechselseitiger Projektionen auf Dauer erfolgreich zu befreien.

Äußerungen von Männern über Frauen geben in aller Regel mehr Auskunft darüber, wie Mann Frau gern hätte statt wie Frau nun wirklich ist. Was hier als Einladung an die eine Hälfte der Menschheit gerichtet ist, nämlich die »Vor-stellungen«, die Mann von Frau hat, zu überprüfen, zu hinterfragen und sofern als falsch erkannt abzubauen, hat sein Pendant in der Einladung an die andere Hälfte der Menschheit, selbiges zu tun, nämlich die »Vorstellungen«, die Frau von Mann hat, zu überprüfen, zu hinterfragen und sofern als falsch erkannt abzubauen.

> *»Äußerungen von Männern über Frauen geben in aller Regel mehr Auskunft darüber, wie Mann Frau gern hätte, statt wie Frau nun wirklich ist.«*

Tatsächlich ist ja das Projekt, Projektionen abzubauen um eines wirklichkeitsgerechteren Erfassens der jeweiligen anderen Seite willen, keine Angelegenheit, die sich im Handumdrehen erledigen und im Alleingang bewerkstelligen läßt. Männer wie Frauen haben hier beide

Hände voll zu tun, und das Beste wird sein, sie arbeiten Hand in Hand. Anders kann es, folgt man der Logik der Analytischen Psychologie *C. G. Jungs,* auch gar nicht sein. Aneinander vorbei müssen nämlich Männer und Frauen in seelischer Hinsicht notwendig überall da leben, wo sie den Kontakt zum anderen Geschlecht in der eigenen Brust meiden. Wo kein Verständnis für die Frau im Mann, da auch kein Verständnis für die Frau im Gegenüber zum Mann. Wo kein Verständnis für den Mann in der Frau, da auch kein Verständnis für den Mann im Gegenüber zur Frau. Das zur Kenntnis nicht nur des Kopfes gelangen zu lassen, kann eigentlich, sofern Männer und Frauen einander nicht länger Fremde bleiben wollen, nur vorteilhaft und gewinnbringend sein. Wie soll denn wirklich ein Mann etwas von Frauen verstehen, der nicht die Frauen versteht, und wie eine Frau etwas von Männern verstehen, die nicht die Männer versteht?!

Daß so häufig aneinander vorbei geredet wird, die eine Seite die andere Seite beschuldigt, für sie kein Verständnis zu haben, ist ja nicht von ungefähr so. Abhilfe schaffen könnte da eine innerseelische Entwicklung, die als ihr Ziel eine gewissermaßen *androgyne Qualität der Seele* kennt. Wirklich sie selbst werden können Mann und Frau nach dem Urteil der Analytischen Psychologie nur, insofern sie sich bereit finden, zu einer seelisch androgynen Gestalt zu reifen, sich dem androgynen Fließgleichgewicht männlicher und weiblicher Energien in der eigenen Seele zu überlassen und endlich damit Schluß zu machen, männlich und weiblich gegeneinander auszuspielen statt ein fruchtbares Zusammenspiel beider in die Wege zu leiten.

Seelische Androgynie als reife Vollgestalt der psychosexuellen Entwicklung des Menschen wird allen anders lautenden Meldungen zum Trotz natürlich den Mann noch Mann und die Frau noch Frau sein lassen. Auch kann gar keine Rede davon sein, als werde unter der Signatur einer androgynen Revolution die – sowieso unaufhebbare – Differenz der Geschlechter nivelliert zugunsten eines undefinierbaren »Unisex«. Wohl aber darf es einer dem Geist der Androgynie verpflichteten »Realutopie« darum gehen, schlechter Männlichkeit und schlechter Weiblichkeit, die Menschen immer dann leben, wenn sie intrapsychisch sozusagen »zölibatär« leben, ein »Aufnimmerwiedersehen« zuzurufen. Mann bleibt Mann und Frau bleibt Frau freilich nicht im herkömmlichen, sondern in einem neuen, bisher so nicht gekannten Sinne, wo Androgynie in ihre Seelen einkehrt. Als völlig gegenstandslos und überflüssig erweist sich überdies die Sorge, die androgyne Qualität der Seele gehe auf Kosten der zwischenmenschlichen Qualität, namentlich der zwischen den Geschlechtern. Das haargenaue Gegenteil ist der Fall, wie sich leicht beweisen läßt. Denn was ist ein Seelenkontakt von Mann zu Frau und von Frau zu Mann anderes als Folge und Zeichen guter Männlichkeit und guter Weiblichkeit, die immer einen androgynen Touch haben?! So viel sollte einmal klar sein:

– Beide, Mann und Frau, können für sich und füreinander nichts verlieren, aber alles gewinnen, wenn sie sich entschließen, das eifrigst zu fördern, was seelisch »the movement towards androgyny« *(June Singer)* unterstützt.

– Androgynie löst das männliche und das weibliche Geschlecht nicht in einem »dritten«

Geschlecht auf. Der »reizende Unterschied« *(Immanuel Kant)* zwischen Mann und Frau bleibt erhalten in seiner konstruktiven, verliert – ein Tatbestand von nicht zu unterschätzender Tragweite – aber seine destruktive Dimension.

– Der androgyne Charme weiblicher wie männlicher Personen kommt weder »von oben« noch »von unten« – sowieso eine meist unglückliche Alternative –; wann und wo er kommt, kommt er nie anders denn »von innen«.

Alles in allem ist Androgynie die herbstliche Frucht seelischer Reife. Selig der Mann und selig die Frau, denen es vergönnt ist, sie zu pflücken.

»Androgynie«

Das spannend-spannungsreiche androgyne Wechselspiel der Geschlechter ist im Werden begriffen und kann nur im Werden begriffen werden. Dazu braucht es folglich weniger die Statik ewig gültiger Wesensdefinitionen von »Animus« und »Anima«. Diese wollen etwas festschreiben, das wohl besser korrekturoffen bleibt auf die Gestalt einer Zukunft hin, die Raum läßt für eine Entfaltung je größerer geschlechtlicher Humanität. Daß im Zeichen des androgynen Ideals geschlechtliche Humanität freigesetzt wird, muß sich denn in erster Linie durch die Praxis des gelebten Lebens selbst bewahrheiten, also durch die segensreichen Folgen, die ein androgyner »life-style« hoffentlich bald mehr und mehr zeitigt. Gefragt ist die ebenso innovatorische wie kreative Brisanz einer androgynen Praxis. Diese allein kann und wird es sein, die Qualität eines im Zeichen seelischer Androgynie gelebten Miteinander von Mann zu Frau und von Frau zu Mann zu ermitteln. Theoretisch ist all dies kaum vorzuentwerfen. Wohl darf sich die Theorie wenigstens so weit vorwagen und behaupten, daß es insgesamt heilsame Folgen sein werden, die sich überall dort abzeichnen dürften, wo Menschen sich auf das androgyne Ideal psychosexueller Identität hinbewegen und etwas von seiner Energie in ihrem Miteinander umsetzen.

> *»Es ist fatal, Mann oder Frau in reiner Isolation zu sein; man sollte als Frau männlich und als Mann fraulich leben.«*
>
> *Virginia Woolf*

Ohne Praxis in irgendeiner Weise vorgreifen zu wollen, läßt sich immerhin wenigstens so viel sagen. Eine wirklich sinnenfällige Konkretion eines vom Geist der Androgynie her bestimmten Verhältnisses der Geschlechter wäre ein buchstäblich lockerer Umgang von Mann zu Frau und von Frau zu Mann. Denn überall dort, wo seelische Androgynie in Personen beiderlei Geschlechts Gestalt annehmen kann, lockert dies die strenge Symmetrie von Klischees vermeintlicher Männlichkeit und vermeintlicher Weiblichkeit gründlich auf. In der aufgelockerten Atmosphäre einer androgynen Kultur im Verhältnis der Geschlechter, dieweil Kultur eben der ständigen Pflege bedarf, kann einzig und allein etwas wachsen, das stark genug ist, alle Barrikaden der vielfach diagnostizierten »Kontaktsperre« zwischen den Geschlechtern niederzureißen. Statt dessen könnte etwas Einzug halten in die Bezirke des Menschlichen, das auf seine Weise eine besondere Form eines »Seelenkontakts« verkörpert und den Namen »Zärtlichkeit« trägt.

Zeit für Zärtlichkeit zwischen Mann und Frau ist es längst, da ein Ende des lange währenden Kampfes an der Geschlechterfront überfällig ist. Zärtlichkeit ist eine friedliche Energie, und es gibt sie nur dort, wo beide Seiten »abrüsten« statt »aufrüsten«, weil sie ihre »Feindbilder« begraben haben. Im Moment ist das vielleicht noch Utopie, insofern dies immer noch »ortlos« ist, noch keinen Ort in der faktisch vorfindlichen Wirklichkeit hat. Doch androgyne Menschen, Männer wie Frauen, könnten dafür sorgen, daß sich daran etwas ändert. »Vor Ort« muß das Wirklichkeit werden, was der Geist der androgynen Utopie verheißt.

Den Geist der Zärtlichkeit zwischen Mann und Frau gibt es jedenfalls nicht ohne den Geist der Androgynie. Zärtliche Menschen sind androgyne Menschen, und nur androgyne Menschen können zärtlich sein. Beide, Zärtlichkeit und Androgynie, sind – paradox gesprochen – so etwas wie zeitgemäße Unzeitgemäßheiten. Unzeitgemäß sind sie, weil sie etwas verkörpern, das gerade zur Zeit nicht en vogue ist. Zeitgemäß sind sie, weil zur Zeit kaum etwas so gebraucht wird wie das, wofür sie stehen. In diesem Sinn sind Zärtlichkeit und Androgynie zugleich an der Zeit und gegen die Zeit, eben zeitgemäß-unzeitgemäß. Unzeitgemäß sind sie, weil sie quer zu einer Zeit stehen, die noch kaum zärtlich androgyne Menschen kennt. Zeitgemäß sind sie, weil es inzwischen höchste Zeit dafür ist, daß es all das wieder gibt, wofür sie stehen, und daß es gelingt, das Programm einer der androgynen Seelenlage entspringenden Kunst der Zärtlichkeit in die Praxis des gelebten Lebens umzusetzen. Gegen die Zeit sind Zärtlichkeit und Androgynie an der Zeit, sind sie das, was für heute und morgen wichtig ist.

Dringend brauchen wir ein *Manifest für den androgynen Mann und die androgyne Frau*. Kein Manifest schwarz auf weiß, um es geduldig nach Hause zu tragen, sondern ein Manifest in den bunten Buchstaben des Lebens, das Farbe in eine eher farblose von Männern und Frauen bewohnte Welt zu bringen vermag. Die Arbeit an einem solchen Manifest zeichnet aus, daß sie eine Art Dauerauftrag ist, der an Mann und Frau ergeht. Nur so viel ist gewiß: Ob Mann oder ob Frau, es lohnt sich, eine »androgyne Figur« zu machen. Solange es keine bessere gibt, ist sie immer noch die beste. Von *Oscar Wilde* weiß man, daß er einen ganz einfachen Geschmack hatte, nämlich: immer nur das Beste. In Sachen Androgynie wäre es die schlechteste Idee wahrlich nicht, einen Geschmack wie er zu haben. ■

Dr. Bernhard Sill, geboren 1955, ist Theologe und derzeit Akademischer Rat am Lehrstuhl für Moraltheologie in Würzburg. Sein Buch »Die Kunst der Geschlechterliebe. Plädoyer für androgyne Partnerschaft« erschien 1989.

GEISTREICH

Beratung und Therapie für Paare

In der Paarberatung wird häufig mit Verstehensmodellen aus therapeutischen Ansätzen der Humanistischen Psychologie gearbeitet. Allerdings werden die dazugehörigen Techniken nicht oder nur in Bruchteilen verwendet. Häufig benutzte Ansätze sind Kommunikationstherapie, Gestalttherapie, Körpertherapie (z. B. Bioenergetik), Verhaltenstherapie, Transaktionsanalyse oder spezielle Formen der Paartherapie, die ihrerseits oftmals Kombinationen anderer therapeutischer Modelle sind.

Paarberatung dient einem Paar, den gegenwärtigen Stand einer Frage oder eines Themas ihrer Partnerschaft abzuklären, um dann zu bestimmen, ob das Paar selbst oder mit Hilfe anderer seinen Prozeß fortsetzen will. Beratung kann auch den Sinn einer kurzfristigen und zeitlich sehr begrenzten Krisenbegleitung haben.

In der Psychotherapie gehen heute viele Therapeuten von einem bestimmten Ansatz aus, den sie aber oft mit Erklärungs- und Praxiselementen aus anderen Therapieformen ergänzen. Als sehr wirkungsvoll hat sich eine Kombination aus *Gestalttherapie* und *Transaktionsanalyse* einerseits und aus *Kommunikationstherapie* und *Bioenergetik* andererseits erwiesen.

Systemische Analyse und *Kommunikationstheorie* haben geholfen, das Paar als kleinstes, gegenüber einer Umwelt abgegrenztes System (Dyade = Zweierbeziehung) zu sehen. Die verschiedenen Aspekte, Dimensionen, Felder und Prozesse der Partnerschaft sind nur durch eine wohlausgerichtete Kombination unterschiedlicher therapeutischer Zugänge und Praktiken aufzuarbeiten, wie sie in der Paartherapie (*Mandel,* München) oder Paarsynthese (*Cöllen,* Hamburg) integriert werden.

In der *Kommunikationstherapie* (*Paul Watzlawick* u. a.) wird besonders zwischen Beziehungs- und Inhaltsaspekt der Beziehung unterschieden. Außerdem wird davon ausgegangen, daß der Schlüssel der gestörten Kommunikation nicht vor, sondern in der Kommunikation selbst zu suchen ist, weil Kommunikation ein anfangloser Prozeß mit aufsteigenden oder absteigenden Kehrschleifen ist. Eine Klärung der Frage, wozu die Kommunikation geschieht und welche psychischen Vorgänge in den Menschen stattfinden, die nicht der Realität der Kommunikation entsprechen, ist ein wesentlicher Teil der therapeutischen Praxis.

In der *Gestalttherapie* werden psychische Störungen stets als aktuelle Störungen behandelt. Hier und jetzt wird dem psychischen und kommunikativen Prozeß eines Paares Aufmerksamkeit geschenkt, um die wirksamen Projektionen und Introjektionen ausfindig zu machen. Zentraler Teil der therapeutischen Arbeit ist die Konfrontation mit Widersprüchen zwischen verbaler und nonverbaler Sprache sowie die Anleitung zur Selbstannahme.

In den *Körpertherapien* (Bioenergetik, Biodynamik, Sensibilisierung, Tanztherapie) sind nicht Wort, Gespräch, Gedanke und Gefühl die Medien der Therapie, sondern Körper und Bewegung. Haltung, Atmung, Stellung, Bewegung, Begegnung sind Formen, in denen sich therapeutisch Störungen, Blockaden, Panzerungen erschließen und am Körper und an der Bewegung bearbeiten lassen. Viele Paare erfahren auf diese Weise zum ersten Mal etwas von erotischer, aber nicht phallisch orientierter, sexueller Sinnlichkeit. Beide lernen Sinnlichkeit zum gemeinsamen Wachstum genießen zu können, ohne sich gegenseitig unter Druck zu setzen. Sie lernen die Körpersprache ihrer Organe und Krankheiten kennen, kommen durch tiefes Atmen und intensivere Bewegung ihrer Dimension näher und bringen ihre Kommunikation neu zum Fließen.

In der *Verhaltenstherapie* wird je nach Ansatz mit Belohnung (Verstärkung) und Nichtbeachtung (Verminderung) von Verhaltensweisen gearbeitet, wobei auch paradoxe Interventionen (vgl. die paradoxe Titelformulierung von *Watzlawicks* berühmten Buch »Anleitung zum Unglücklichsein«) möglich sind. Bei bestimmten Formen von Angst kann die Verhaltenstherapie gute Erfolge aufweisen wie ebenso bei hemmenden Phantasien oder störenden Gewohnheiten.

Die *Transaktionsanalyse* verfügt über einfache und sehr hilfreiche Erklärungsmodelle, um sich vertrackte Kommunikation verständlich zu machen, um die Zwanghaftigkeit selbst- und paarzerstörerischer Kommunikation aufzuhellen und das Bewußtsein für gestörte Kommunikation zu schärfen. Unter Transaktion wird die gesamte Aktion und Reaktion von zwei Kommunikationspartnern verstanden, was die Transaktionsanalyse vom Grundansatz her zur Klärung gestörter Paarbeziehung besonders geeignet erscheinen läßt. Zur therapeutischen Arbeit gehört, Kenntnisse über die Kommunikationsprozesse zu vermitteln, Widersprüche zu konfrontieren und auf Wegen zu größerer Autonomie und Beziehung zu begleiten.

Paartherapie wird mit dem Paar und dem Therapeuten durchgeführt, doch viele der genannten therapeutischen Ansätze sind ausgesprochen gruppenfreundliche oder gar gruppenorientierte Ansätze, so daß Paartherapie auch sehr in einer Gruppe von Paaren mit einem oder zwei Therapeuten zu wünschen ist. ■

Was sich Paare Gutes tun können

sich Pausen vom Alltag gönnen
sich gemeinsam an Schönem erfreuen
sich gemeinsam Genuß verschaffen
sich gegenseitig erregen

gemeinsam in Stille sein
Musik hören
tanzen
meditieren
bioenergetische Übungen machen
Partnermassage

sich mit Paaren zusammenschließen
jedem ein eigenes Zimmer zugestehen
Nähe und Distanz ausbalancieren
Seminare für Paare und Kreativität besuchen
Kurs- und Beratungsgebote nutzen, um
bewußter gemeinsam zu wachsen

GEISTREICH

Wenn die Verständigung scheitert

In allen Partnerschaften gibt es Situationen, in denen die Partner zu keiner Verständigung kommen. Wenn sich solche Situationen in verblüffender Ähnlichkeit wiederholen und zudem noch die Störungen oder Zerstörungen der Partnerschaft fördern, dann besteht zu Recht der Verdacht auf manipulative Kommunikation, auf Psychospiele – wie der Begründer der Transaktionsanalyse, *Eric Berne,* sie nannte.

Psychospiele zeichnen sich aus durch eine immer wiederkehrende Struktur, die zu dem stets selben Ergebnis führt, nämlich zur Verschlechterung der Kommunikation. Einer der Schüler *Eric Bernes, Stephen B. Karpman,* hat die Psychospiele anders als *Eric Berne* selber analysiert. Dafür hat er als Modell für zerstörerische Schemata in der Kommunikation eine Figur gefunden, die Paare leicht und erfolgreich zur Analyse ihrer Kommunikation anwenden können. *Stephen B. Karpman* nannte sein Modell manipulativer Kommunikation »Drama-Dreieck«, das er auch in fast allen antiken Dramen und klassischen Märchen wiederentdeckte. Mit Hilfe des Drama-Dreiecks lassen sich sehr gut Kommunikationsprozesse beobachten und analysieren, die den Charakter von manipulativen Spielen haben. Dabei gibt es feste, aber von Personen wechselweise besetzbare Positionen.

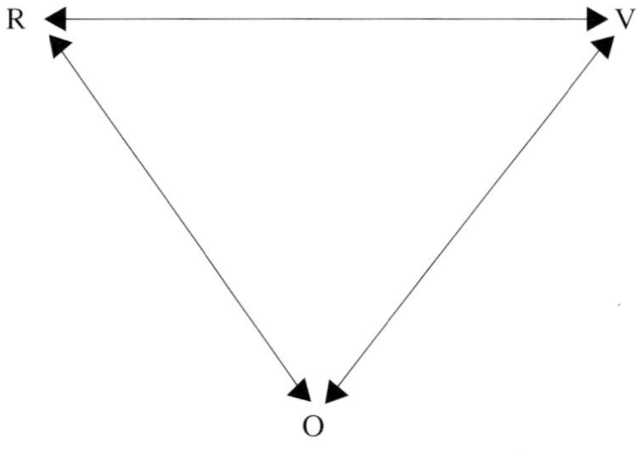

Retter/in
hilft, ohne gefragt zu sein; weiß, was richtig und das Beste für jemand ist; kennt sich aus, gibt gute Ratschläge, macht von sich abhängig

Verfolger/in
überhäuft mit Ansprüchen, stellt ungefragt Kriterien auf und urteilt danach ohne Betrachtung von Gegenrechtfertigung; macht Vorwürfe und Unterstellungen; gnadenlos

Opfer
macht sich klein und unterwürfig; suggeriert Hilflosigkeit; sieht sich als minderwertig und machtlos an; reagiert nur angepaßt; rebellische Versuche bestätigen durch Mißerfolg die Opferrolle

Die *Retter-Position* zeichnet aus, daß sie nicht einfach jeden Menschen, der hilft, diskriminiert, sondern jene, die helfen müssen, um vor sich selbst bestehen zu können. Solche Helfer trachten danach, andere von sich abhängig zu machen und zu halten. Ihr Rettungsangebot zielt auf Menschen in der Opferhaltung. Nicht jeder Polizist oder Staatsanwalt ist im Sinne dieses Drama-Dreiecks ein Verfolger, aber er steht aufgrund seines Berufes natürlich sehr leicht in Gefahr, seine Position innerhalb eines manipulativen Kommunikationsspiels zu besetzen. Zum Retter wie *Verfolger* sind alle sozialen und bildenden Berufe sehr gut disponiert; ihre klassischen Vorbilder sind Eltern, die je zu einem Teil vermeintlich fürsorglich, tatsächlich entmündigend, vermeintlich kritisch, tatsächlich gebieterisch sind. Die Opfer-Position beschreibt nicht den auf Hilfe angewiesenen behinderten oder asylsuchenden Menschen, sondern eine Haltung und ein Verhalten, die durch aktive Selbstbeteiligung zustande gekommen sind. *Opfer-Position* heißt: sich selbst abwerten und mißachten, sich keine Chance auf Veränderung seiner Position zubilligen, andere als Retter/Verfolger akzeptieren, Hunger nach Beachtung haben, angepaßte Verhaltensweisen zeigen, Selbstmitleid demonstrieren, sich in seinen eigenen Angelegenheiten für nicht zuständig erklären, den Rest der Welt für verantwortlich für die eigene Situation halten.

Retter, Verfolger und Opfer im Drama-Dreieck haben also manipulatives Interesse: Sie sind Retter, Verfolger und Opfer, um mit dermaßen instrumentalisierter Kommunikation andere zu bestimmten Verhaltensweisen und Entscheidungen zu bringen, die dem eigenen Vorteil dienen. Allerdings ist die TA kein Moralsystem. Es ist nicht verwerflich, etwas zu seinem eigenen Vorteil zu tun. Für menschliche Kommunikation destruktiv ist es, Interesse zugunsten eines anderen vorzugeben, aber nur das eigene zu suchen. Die Kommunikation wird doppelbödig, sozial spielt sich etwas anderes ab als psychisch. Der/die andere wird hinterrücks zum bloßen Mittel meiner Zwecke. Sinn des Drama-Dreiecks ist es, diese Art doppelbödiger, manipulativer Kommunikation aufzudecken und zu klären.

Das Drama-Dreieck ist kein statisches Modell. Entscheidend sind die Positionen im Kommunikationsprozeß, und zwar vor allem als Wechselpositionen. Natürlich findet sich die Retter-, Verfolger- und Opferstruktur auch in sozialen Rollen wieder. Bestimmte Menschen bevorzugen eine Position und halten sich darin auf. Sie suchen entsprechende Berufe und Institutionen auf, wählen entsprechende Parteien, leben mit entsprechenden Lebenspartnern zusammen. Dieser Aspekt wird später eine weitere Rolle spielen. Karpman verstand die Positionen als »Handlungsrollen« (Stephen B. Karpman: Fairy Tales and Script Drama Analysis. 1968). Dramatisch wird es nämlich erst, wenn die Partner eines Kommunikationsprozesses plötzlich die Position wechseln oder wenn jemand zwei oder drei Positionen auf einmal ausagiert. Aus dem Opfer (»Mir kann keiner helfen«) wird unversehens der Verfolger (»Warum hilfst Du mir denn nicht? Willst Du mich auch fertig machen?«), der aber seine Opfer-Perspektive beibehält. Der Retter sieht sich seinerseits in die Opfer-Position gedrängt (»Ich bin der letzte, der Dir helfen könnte!«). Der Effekt: Das vermeintliche Opfer hat sich und anderen seine moralische psychische Stärke demonstriert, ohne seine Opfer-Position grundsätzlich aufgeben zu müssen. Die Schuld an der eigenen Opfer-Position haben die anderen (zugewiesen bekommen). Die Rebellion des Opfers, die zum Wechsel in den Verfolger führte, bleibt angepaßt. Dem Retter wird bescheinigt, unfähiger Retter zu sein.

Mit Hilfe der Transaktionanalyse ist es gelungen, eine Reihe standardisierter, immer wiederkehrender Interaktionsprozesse zu beobachten, die dem Drama-Dreieck entsprechen. Beim »Ja, aber...«-Spiel eröffnet jemand eine Kommunikation aus der Opfer-Position heraus. Jemand hat Schwierigkeiten und erbittet Rat und Hilfe. Doch jeder Ratschlag wird mit »Ja, aber...« beantwortet, also: »Ja, aber das habe ich schon x-mal probiert, und es klappt nie.« Wenn der Kommunikationspartner in das Psychospiel eingestiegen ist, dann betätigt er sich unentwegt als Retter, erzielt aber keinen Erfolg mit seinen Rettungsangeboten. Bis schließlich das Opfer in die Verfolger-Position geht und – vermutlich hämisch – feststellt: »Sehen Sie, Sie können mir auch nicht helfen!« Aus dem Retter wird ein Opfer. Solche Psychospiele gibt es in begrenzter Anzahl mit unterschiedlicher Dauer von Sekunden bis Wochen und mit unterschiedlicher Härte bis hin zu körperlicher Verletzung. Es gibt Psychospiele, die jeweils eine bestimmte Position im Drama-Dreieck als Ausgangssituation bevorzugen. Im »Ja, aber...«-Spiel ist das die Opfer-Position, die immer in die Verfolger-Position umschlägt. Der Effekt für das ›Opfer‹ besteht darin, sich bestätigt zu haben, wie aussichtslos die eigene Lage und zugleich wie stark gegenüber anderen die eigene Ausgangsposition ist. Für Kritik und für Hilfe ist der betreffende Mensch weitgehend immun. Eine perfekte Umgangsfalle.

Zur Selbsterkenntnis manipulativer Kommunikation ist häufig ein außenstehender Dritter notwendig, der das Paar darin unterstützt, die eigenen blinden Flecken zu erkennen, den Paar-Schatten ehrlich einzugestehen und anzunehmen, den Einsichten der Analyse nicht auszuweichen. Wichtig ist:

1. Sich auf konkrete Kommunikationsprozesse und -erlebnisse zu beziehen.
2. Den Ablauf genau zu protokollieren, die Positionsverteilung zu bestimmen, den Umschlag, also den dramatischen Wechsel der Beteiligten in andere Positionen ausfindig zu machen.
3. Schlüsselworte und -gesten geben oft zusätzlichen Aufschluß über das aktuelle Drama-Dreieck.
4. Das Motto zu formulieren, unter dem die konkrete Kommunikation stattgefunden hat.
5. Das Ergebnis des Psychospiels zu erkennen: den psychischen Gewinn der Beteiligten, den sozial-kommunikativen Verlust der Partnerschaft.
6. Die Hintergründe zu erhellen, um zu erfahren, warum welche Partner welche Positionen im Drama-Dreieck aufsuchen, beibehalten, verändern; um herauszufinden, ob die gesamte Beziehung eine grundsätzliche Retter-Verfolger-Opfer-Struktur aufweist (Typische Rollen: gegenüber Behörden Hilflose wird vom gesellschaftserfahrenen Mann gerettet; ein der Haushaltsführung und der Essenszubereitung unkundiger Mann wird von seiner Frau vor dem Verwahrlosen und Verhungern geret-

tet; penibler Ordnungsfanatiker bringt seiner Frau bei, in der Wohnung Ordnung zu halten).

7. Manipulative Kommunikation ist daran zu erkennen, wenn einer der Partner dem anderen möglichst indirekt vermitteln will,

– wie er als Mensch zu sein hat *(pädagogisieren)*,

– wie er sein Leben regeln soll – *(bürokratisieren)*,

– wie er handeln solll *(moralisieren)*,

– wie er und was er denken soll *(indoktrinieren)*,

– wie er seine Probleme bewältigen soll *(infantilisieren)*.

Mit solcher Kommunikation beginnt das Ende einer Beziehung, wenn sie nicht erkannt, als falsch verworfen und verändert wird. ■

Was Paare in Krisen tun können

jedem zugestehen, sich Gutes zu tun
gemeinsam einander Gutes antun
sich mit guten Freunden beraten
ehrlich und offen bleiben
Krise als Wachstumschance begreifen und
nicht als Niedergang verwerfen

Kurse gemeinsam und allein besuchen
Beratung in Anspruch nehmen
eine Selbsterfahrungsgruppe suchen
eine Selbsthilfegruppe aufsuchen
Therapie in Anspruch nehmen

sich für einige Zeit trennen
sich alle kritischen Punkte eingestehen
gemeinsam Wünsche und Ziele formulieren
kleinste gemeinsame Schritte vereinbaren
zwischen Liebe und Abhängigkeit unterscheiden lernen
sich zur Beziehung oder zur Trennung entscheiden

Geduld haben bis
Gefühle, Wünsche und Entscheidungen klarer werden
nicht endlos
Geduld haben

Prüfen Sie, inwieweit Ihre Bedürfnisse befriedigt werden

Bedürfnisse	**ist die Frau zufrieden?**	**ist der Mann zufrieden?**	**Verbesserungsvorschläge**
Sicherheit (durch Gefühl der Annahme und Zugehörigkeit)			
Dienst (andere lieben, für etwas leben, Bedürfnisse anderer erfüllen)			
Achtung (sich vom anderen geschätzt, anerkannt, bejaht fühlen)			
Genuß (sexuell, intellektuell, in der Freizeit, ästhetisch, seelisch)			
Liebe (wissen, daß der andere sorgt, tief warm, zuverlässig)			
Grenzen (Bedürfnis nach Verantwortung, verläßliche Gewohnheiten, Anerkennung der Wirklichkeit und der Rechte anderer)			
Freiheit (Bedürfnis nach Eigenständigkeit, Distanz, Achtung vor Verschiedenheit)			

Unsere Zeit der Zärtlichkeit

Stille, ein großes Bett oder eine
Matraze, eine
Decke auf Teppichboden
Kerzenschein, Musik
Massageöl

Du beginnst
zieh mich aus
tropf mir das Öl auf den Leib
Zeit der
Streichelmassage
du gewinnst mir
ein warmes Gefühl
Geborgenheit
entdeckst meine Kurven
und Falten
hier erregst du mich
dort entspannst du mich
du löst meine Knoten
ich werde ruhig
gesammelt
ganz da
ganz nah
dir
und mir
laß mir Zeit
zu genießen,
bleib ruhig
lieg einfach
da
wir sind keine
Tauschgemeinschaft
nichts geht dir verloren
gleich werde
ich Zeit
haben für
dich
Zeit haben
und Hände
für
unsere Zeit
der Zärtlichkeit

[redacted]

Sucht oder Liebesbeziehung?

Betrachten Sie Ihre derzeitige Liebesbeziehung, lesen Sie sorgfältig erst die Merkmale der suchtartigen Liebe und dann die der gesunden Liebe. Beurteilen Sie Ihre eigene Beziehung zuerst nach den Merkmalen für die Abhängigkeit mit den folgenden Werten: 0 = nie, 1 = selten, 2 = bisweilen, 3 = oft, 4 = fast immer, 5 = immer. Verteilen Sie dann die Punkte auch für die Merkmale der gesunden Liebe.

Suchtartige Liebe

______ Scheint allesverschlingend

______ Kann die Grenzen des eigenen Ich nicht definieren

______ Enthält Elemente des Sadomasochismus

______ Hat Angst vor dem Auseinandergehen

______ Fürchtet das Risiko, die Veränderung und das Unbekannte

______ Verhindert individuelles Wachstum

______ Zeigt keine echte Intimität

______ Spielt psychologische Spiele

______ Gibt, um etwas zurückzubekommen

Gesunde Liebe

______ Läßt Individualität zu

______ Empfindet gleichzeitig eine Einheit mit dem Partner und einen Abstand von ihm

______ Bringt die besten Qualitäten im Partner zum Blühen

______ Akzeptiert ein Ende

______ Erfährt Offenheit für den Austausch und das Erforschen

______ Fordert den Partner zum Wachstum auf

______ Erfährt echte Intimität

______ Fühlt sich frei genug, um auf ehrliche Weise um Erfüllung der Wünsche zu bitten

______ Erfährt Geben und Empfangen auf dieselbe Weise

______ Versucht den Partner zu verändern	______ Versucht nicht den Partner zu verändern oder unter Kontrolle zu halten
______ Braucht den anderen, um sich vollständig zu fühlen	______ Ermuntert den Partner zur Autonomie
______ Sucht Lösungen außerhalb des eigenen Ich	______ Akzeptiert die eigenen Grenzen und die des Partners
______ Fordert und erwartet bedingungslose Liebe	______ Sucht nicht bedingungslose Liebe
______ Verweigert eine Bindung (gegen jede Abhängigkeit eingestellt)	______ Hat die Fähigkeit zur Bindung
______ Schaut für die Bestätigung und das Selbstwertgefühl nur auf den Partner	______ Hat ein hohes Selbstvertrauen und ein Gefühl für das eigene Wohlergehen
______ Fürchtet bei alltäglichen Trennungen, verlassen zu werden	______ Vertraut der Erinnerung des geliebten Partners; genießt die Einsamkeit
______ Wärmt alte negative Gefühle auf	______ Drückt Gefühle spontan aus
______ Wünscht und fürchtet gleichzeitig die Nähe	______ Begrüßt die Nähe; riskiert Verletzlichkeit
______ Versucht, sich der Gefühle des Partners anzunehmen	______ Sorgt sich um den Partner, aber mit Abstand
______ Machtkämpfe (›Einer will nach oben‹)	______ Bestätigt die Gleichheit und die persönliche Stärke Ihrer selbst wie des Partners

Zählen Sie die Punkte für jede Liste zusammen und teilen Sie durch 20, um den Durchschnitt für jede Spalte zu bekommen.
Zeigt Ihre Beziehung mehr Symptome der Störung als der Gesundheit?

Brenda Schaeffer

Den Partner meditieren

Gerade bei der ständigen Beanspruchung, die dazu verleitet, an der Oberfläche der Dinge und der Begegnung stehen zu bleiben, kann es eine große Hilfe sein, sich hin und wieder Zeit zu nehmen, um den Partner zu »meditieren«. Nicht, als sollte man erst nach jahrelanger Ehe damit beginnen – aber auch nicht, als hätte das nur in der Zeit des Kennenlernens seinen Sinn. Immer wieder sind wir ja neu, und immer wieder kann aus solchem Meditieren neues Verstehen, tiefere Liebe, neue Kraft wachsen.

Ich stelle mir meinen Partner vor –
Wie sieht er aus – welche körperliche Haltung hat er –
wie begrüßt er mich –
flüchtig – erwartungsvoll – hoffend auf mich – fragend –
hat er ein Anliegen, Sorgen – ist er müde –
was braucht er jetzt?
Wie sieht sie aus – welches Kleid hat sie an –
wie schaut sie mich an – lächelt sie –
gibt mir die Hand – bietet mir ihren Mund –
will mir etwas erzählen –
ist sie erregt – bedrückt – erfreut?

Ich denke mich in die Entwicklung meines Partners hinein –
wie das Verhältnis zu seinen Eltern war –
zu den Geschwistern –
wie ihn die Erziehung geformt hat –
welche Wünsche und Bedürfnisse in ihm wach geworden sind –
Welche Fähigkeiten und Anlagen hat er –
welche Kräfte in sich kann er entfalten,
welche verdrängt er?
Wie kann ich ihm zu seiner Selbstverwirklichung helfen –
ihn freigeben, der zu sein, der er ist?

Ich stelle mir meinen Partner vor –
wie er mit den Kindern umgeht –
wie er den Kleinen auf den Arm nimmt –
wie sie das Kleine wickelt, es kost –
glücklich ist mit dem Kind –
wie er mit dem Fünfjährigen spielt
(er liegt auf dem Boden und tollt mit ihm) –
wie er die Fragen der großen Kinder beantwortet –
wie sie auf die freche Antwort des Vierzehnjährigen reagiert –

Ich stelle mir meinen Partner vor –
in der Welt seines Berufes –
im Umgang mit seinen Kollegen –
in den Pflichten des Haushalts.
Welche Vorstellungen er vom Leben hat –
welche Ängste –
welche Hoffnungen –
welche Werte ihr bedeutend sind –
wie er nach dem Sinn des Lebens sucht –
in welchen geistigen Auseinandersetzungen sie steht –
wie er sich dem Anruf des Glaubens stellt
oder noch nicht stellen kann –
wie er mit dem Wort der Schrift umgeht –
wie sie betet –
wie er glaubt – hofft und liebt –
wie wir beide nach dem Willen Gottes fragen. –

Ich denke
an das Gute, das mir mein Partner getan hat –
an unsere erste Begegnung
wie wir uns immer besser kennenlernten –
an die glücklichen Stunden und frohen Erlebnisse –
an ein frohes Erlebnis, das mir am besten im Gedächtnis ist,
erinnere ich mich in allen Einzelheiten –
wie er mir zuhört –
wie sie mich verstanden hat –
getröstet, aufgerichtet – ermutigt – bestärkt –
Leid mitgetragen hat –
Geduld mit mir hat.
Ich denke mir meinen Partner,
wenn er mir besonders aufmerksam zugewandt ist –
wie er mir Gutes und Liebes sagt –
mich berührt, mich streichelt, zärtlich zu mir ist –
was sagen ihre Hände –
ihre Augen –
ihr liebes Gesicht –
Du – was bist Du für ein Wesen, das ganz für mich da sein will
Dein Inneres öffnet sich mir und nimmt mich an –
mein Inneres öffnet sich Dir
und nimmt Dich an. E. H. ■

Der Briefkontakt

»Seit drei Jahren bin ich verheiratet. Der anfänglichen Spannung und Fröhlichkeit folgt seit etwa einem Jahr Eintönigkeit und Langeweile. Wir drohen im Trott unterzugehen, zwischen den beruflichen Karrierewünschen, für die wir einiges leisten, als Paar zerrieben zu werden. Dabei kann ich nicht genau sagen, es liegt daran oder daran. Salopp formuliert: Die Luft ist raus! Und uns ist nicht klar, wie wir darauf reagieren, ja, was es überhaupt bedeutet, ob es anderen auch so geht. Wenn wir uns umschauen, kommen wir auf den Gedanken, das geht nur uns so. Auf welche Erfahrungen oder Einsichten aus der Beratung können wir für uns zurückgreifen?

Frau Irmtraut F. (31), Köln

Den entscheidenden Punkt Ihres Problems, der bereits zur Klärung und Lösung beitragen kann, haben Sie selbst genannt, aber offensichtlich nicht genügend gewichtet. Wenn Sie beide voll in die berufliche Laufbahn investieren, ist ein großer Teil Ihrer alltäglichen Energie dort gebunden. Wenn Sie nach Hause kommen, sind Sie möglicherweise zwar nicht schachmatt, aber auch nicht mehr so spannungs- und energievoll wie am frühen Morgen. Untersuchungen zeigen immer wieder, daß starke berufliche Anspannung von Partnern ein gewichtiger Grund für wachsende Lustlosigkeit ist. Trotzdem kann noch alles seinen gewohnten und reibungslosen Gang gehen, aber die Luft geht langsam aus dem Reifen. Leidenschaft und Lust, die im Beruf gebraucht und befriedigt werden, werden dann dem ehelichen Alltag vorenthalten. Überprüfen Sie daher, welchen Preis Sie mit Ihrer Partnerschaft für Ihre beruflichen Karrieren zahlen und ob Sie wirklich dazu bereit sind. Viele sind auf diese Weise ungewollt zu Singles geworden. Wenn Sie den beruflichen Druck mindern und sich außerhalb des Berufs gemeinsame Felder interessierten Engagements schaffen, werden Sie mindestens neue belebende Spannung in der Partnerschaft bemerken. Wie Sie darüber hinaus den statischen Zustand Ihrer Partnerschaft in ein fließendes Wachsen verwandeln, sollten Sie möglichst in einer Paargruppe oder in einer Paarberatung vor Ort klären.

Ihr »Institut für Tiefenpsychologie und Philosophie«

Wenn Sie zu persönlichen Fragen und Problemen briefliche Beratung wünschen, wenden Sie sich bitte an: Institut für Tiefenpsychologie und Philosophie, Kiesweg 3, 6370 Oberursel. Von dort erhalten Sie auch eine Information zur brieflichen Beratung (briefing).

LeseHilfe

Es boomt im Büchermarkt bei Themen wie Liebe, Zweierbeziehung und Erotik. Je kritischer und individueller die Lebensformen der Partnerschaft zwischen intimen Partnern werden, desto größer wird der Bedarf an Information, Selbsthilfe, Anregung und Deutung. Wen wundert es, daß vor allem Frauen Bücher über Partnerschaft, intime Beziehungen und Beziehungsknatsch lesen, sind sie doch aufgrund ihrer Erziehung und immer noch geltender gesellschaftlicher Regeln eher geneigt, sich Hilfe zu holen, sich für die Beziehungsebene zuständig oder gar bei Problemen schuldig zu fühlen. Aber sie sind – wie viele Untersuchungen beweisen – auch viel unzufriedener mit dem Alltag in ihren Beziehungen. Männer, die häufig noch von Versorgungserfahrungen mit ihren Müttern geprägt sind, können sich auf verhältnismäßig niedrigem kommunikativen Level mit Beziehungen zufrieden geben. Frauen wollen mehr, erwarten mehr, kämpfen für mehr – oder ziehen es vor zu gehen. Auch davon handeln Bücher über Partnerschaft.

Partnerschaftsstile

»33 und eine Form der Partnerschaft« hat der Wiesbadener Psychiatriearzt und Psychotherapeut *Nossrat Peseschkian* entdeckt und stellt sie in seinem gleichnamigen Taschenbuch anschaulich und erhellend vor. *Peseschkian* bezeichnet sich als Begründer der Positiven Psychotherapie, die nicht an den Schwächen der Menschen ansetzt, sondern an ihren Stärken und Energien, um Heilungsprozesse auszulösen und zu steuern. Davon ist auch das Buch geprägt: Die positiven Aspekte unterschiedlicher Partnerschaftsstile herausarbeiten, ihre Bedeutung auch außerhalb der deutschen und europäischen Kultur würdigen, praktische Konsequenzen aufzeigen und Anregungen für die eigene Lebensgestaltung in der Partnerschaft geben. Partnerschaftsstile wie »Allianz, Ausbildungsstätte, Fessel, Notlösung, Theater, Treue(p)akt, Zärtlichkeitsempfang« lassen allerdings fragen, ob hier wirklich von Partnerschaft gesprochen werden kann, vorausgesetzt, Partnerschaft ist durch Freiwilligkeit, soziale und psychische Symmetrie gekennzeichnet. Dann aber wären wohl die meisten Menschen nicht in einer Partnerschaft, sondern Partner auf dem Weg zur Partnerschaft. Dieser Aspekt wird vornehmlich von drei Büchern aufgegriffen, jedoch in unterschiedlicher Perspektive.

Von großem Gewinn ist die Lektüre des Buches *»Füreinander begabt«* des Ehepaares *Wilhard* und *Kristin Becker* (vgl. den Beitrag auf S. 86). Niemand lasse sich durch den Untertitel *»Festhalten und Loslassen in der Ehe«* irritieren; entscheidend ist nicht die eigene Erfahrung einer juristischen oder kirchlichen Form wie die Ehe, sondern die Erfahrung anhaltender Partnerschaft oder zumindest die

Absicht, die eigene Partnerschaft dauerhaft zu gestalten. Dafür bietet das Büchlein auf vergleichsweise kleinem Raum eine Fülle intensiver Verständnishilfen, angefangen bei der »Krise als Chance« über »partnerschaftliches Verhalten« und »Entwicklungsstufen« bis hin zum Charakter der Partner, zu ihren Gefühlen, zu den Kampfstilen und -spielen, bis zu ihrer Sexualität.

Die eher sachlich anmutenden Ausführungen des Theologen und Therapeuten *Wilhard Becker* werden immer wieder durch sehr persönliche Bemerkungen seiner Frau *Kristin Bekker* durchbrochen, in der sie die Sachinformationen zu der mit ihrem Mann gelebten Ehe in Beziehung setzt. Die Offenheit, mit der Kristin Becker dabei vorgeht, ohne seelischen Striptease zu veranstalten, ist nicht nur hilfreich für andere Paare, sondern auch ein Vorbild, wie Menschen über ihre Beziehung auch mit Dritten kommunizieren können.

Auf dem Weg zur Partnerschaft scheinen die Menschen dem Buch der Sozialwissenschaftlerin *Herrard Schenk »Freie Liebe – wilde Ehe«* zu folgen. Sie zeichnet darin den geschichtlichen und gesellschaftlichen Wandel der Ehe und der Partnerbeziehung zwischen Mann und Frau durch die Jahrhunderte. Ergebnis: Der Versuch der (katholischen) Kirche und gesellschaftlicher Institutionen ist fehlgeschlagen, Frauen und Männer in eine einzige, legitime Eheform zu zwingen, die zusätzlicher kirchlicher und staatlicher Kontrolle unterliegt. Die geschichtliche Entwicklung hat immer gleichzeitig verschiedene Formen der Ehe – auch recht wilde Formen – gekannt. Allerdings entwickelt sich die Ehe erst in jüngerer Zeit mehr und mehr zu einer Liebesbeziehung von Partnern, zu einer Lebensform, die auf Partnerschaft fußt oder diese wenigstens anzielt. Da aber Liebe und persönliche Partnerschaft für Frauen und Männer ausschlaggebend sind anstelle sachlicher Interessen wie Erbfolgen, Versorgungs- und Versicherungsfragen, wird der Ehe selbst Überzeugungskraft entzogen. Denn wer sich liebt, braucht keine Ehe zu seinem Schutz, wer sich nicht (mehr) liebt, hält die Ehe für überflüssig. Doch die gesellschaftlichen Trends deuten in eine andere Richtung: Offensichtlich streben viele Frauen und Männer Ehen zu einem späteren Zeitpunkt an – Ende der zwanziger, Anfang der dreißiger Jahre – und halten sie weiter für unverzichtbar, wenn Kinder gewollt und geboren werden.

Die Psychologin *Judith Sills* befaßt sich mit der Phase einer intimen Beziehung, in der der Partnerschaftsstil entschieden, gestaltet, bestimmt, verändert wird. Die *»Liebe nach dem ersten Blick«* für den »weiten Weg zu zweit« ist eine hochbrisante Zeit, in der viele Machtkämpfe um Definitionen und Normen in einer Beziehung ausgetragen werden. *Sills* verschafft Durchblick für eine viele Menschen verwirrende Zeit und gibt – ohne je dümmlich oder rezeptologisch zu werden – Hinweise und praktische Ratschläge zu einer bewußteren und erfüllten Gestaltung der Zeit vor, während und nach der Verliebtheit. Denn nach der ersten stürmischen Phase der Verliebtheit werden

wichtige Weichen gestellt: Umgang mit Ängsten und Abhängigkeiten, Freiheit und Bindung, das Verhältnis von Macht und Liebe, die eigene Konfrontation mit Phantasien und Mythen über sich selbst, über den Partner, über Partnerschaft. Als Gebrauchsanweisung wäre das Buch gründlich mißverstanden. Aufmachung und Gliederung legen diese Gefahr nahe. Wer sich aber mit den Inhalten des Buches aktiv auseinandersetzt, erhält die Gelegenheit, den Prozeß seiner Partnerschaft nicht unbewußten Haltungen und Entscheidungen zu überlassen.

Wilhard und Kristin Becker: Füreinander begabt. Festhalten und loslassen in der Ehe. Kreuz 1985. 109 Seiten
Nossrat Peseschkian: 33 und eine Form der Partnerschaft. Fischer 6792. 1989/2
Herrard Schenk: Freie Liebe – wilde Ehe. Über die allmähliche Auflösung der Ehe durch die Liebe. Beck 1988/2. 274 Seiten
Judith Sills: Liebe nach dem ersten Blick. Handbuch für Romantiker. Rowohlt 1989. 336 Seiten

Das Paarkonzept

Hinter vielfältigen Formen und Stilen, Partnerschaft auszugestalten, steht in der Regel ein prinzipielles Konzept von Partnerschaft: Was Partnerschaft zwischen intimen Partnern überhaupt sei, wozu sie da sei, um was es dabei für die Partner, für die Gesellschaft, für das ökologische Netz aller Lebewesen gehe.

Der Würzburger Moraltheologe *Bernhard Sill* hat die drei entscheidenden Paarkonzepte herausgearbeitet:

– Das *Subordinationsmodell:* Der Mann ist der Prototyp des Menschen, die Frau dessen schwächere Kopie. Wegen der Zweitrangigkeit der Frau hat sich diese dem Mann unterzuordnen (Subordination). Zwar ist dieses Modell sachlich längst widerlegt, aber es wirkt kulturell, gesellschaftlich und politisch noch fort und kann täglich in der näheren Umgebung beobachtet werden.

– Das *Polaritätsmodell:* »Mann und Frau stehen zueinander wie zwei in Spannung zueinander befindliche Pole.« Männer und Frauen sind radikal verschieden und andersartig. Je männlicher der Mann, je weiblicher die Frau, desto stärker Spannung und gegenseitige Anziehung.

– Das *Egalitätsmodell:* praktisch die Gegenthese zum Polaritätsmodell mit der Grundaussage, Frauen und Männer sind einander – bis auf wenige anatomische Verschiedenheiten – völlig gleich und daher gleichwertig. Viele Paare siedeln sich heute vermutlich mit ihrem Paarkonzept zwischen dem Polaritäts- und Egalitätsmodell an.

Es gibt aber für Sill mittlerweile eine weitere Alternative zu den drei von ihm vorgestellten Modellen: das ist der androgyne Lebensstil, dem auch sein Buch *»Die Kunst der Geschlechterliebe«* gewidmet ist (vgl. den Beitrag auf S. 109).

Sill wertet hier eine seit etwa zehn Jahren sehr intensiv geführte Debatte über die Annäherungen von Frauen und Männern im Bereich der geschlechtlichpsychischen Merkmale aus, wie sie sehr öffentlichkeitswirksam von *Elisabeth Badinter* in ihrem Buch *»Ich bin Du«* beschrieben und analysiert wurde. Leider greift *Sill* weder die feministische Kritik am Animus-Anima-Modell des Psychologen *Carl Gustav Jung* noch den Einwand einiger Ethnologen (Völkerkundler) auf, der androgyne Lebensstil führe zu erotischen Einbußen. Im Grunde ist Androgynität der Versuch, das Polaritäts- und der Egalitätsmodell ohne Verlust ihrer jeweiligen Vorzüge unter einen Hut zu bringen, wobei Männer frauliche Anteile in sich erkennen und auf männliche Art ausgestalten, Frauen ihre männlichen Eigenheiten akzeptieren und zu leben lernen. Ungeklärt ist bei dieser Debatte allerdings das Problem, jenseits gesellschaftlicher Klischees sagen zu können, was frauliche und männliche Aspekte sind. Diese Bestimmung jedem individuell zu überlassen, führt möglicherweise nicht zu androgynen Paarkonzepten, sondern zur Ratlosigkeit der Selbstbestimmung.

Das Konzept eines Paares bestimmt sein Selbstverständnis und beantwortet die Frage, wie sich Frau und Mann in der Partnerschaft zueinander verstehen. Vertraut miteinander umgehen, sich gegenseitig immer mehr, ja ganz zu offenbaren, einander Licht- und Schattenseiten zumuten, sich begegnen mit Leib und Seele sind konkrete Prozesse von Intimität zwischen Menschen. Intimität ist das, was viele Paare in ihrer Partnerschaft in Abgrenzung zur Gesellschaft oder zum Umfeld des Paares miteinander suchen. Der Freiburger Psychologe und Theologe *Wunibald Müller* hat sich mit *»Intimität«* in seinem Buch näher befaßt. Für *Müller* ist die Grunderfahrung der Intimität, geliebt zu werden um seiner selbst willen – und nicht wegen seiner Leistung, seiner Herkunft, seines Besitzes, seiner netten Charaktereigenschaften. Wer spürt: Ich bin liebenswert, ich werde geliebt um meiner selbst willen, der kann sich öffnen, kann sich fallenlassen, kann sich hingeben, kann in der Berührung zum intimen Menschen werden. *Müller* deutet auch die Intimität ehelos lebender Frauen und Männer. Zuvor jedoch verfolgt er den Zusammenhang zwischen Intimität und Eros beziehungsweise Sexualität. Ohne Eros, ohne Lebens- und Beziehungstrieb dürften viele Menschen gar nicht zur Intimität kommen. Umgekehrt – behauptet Müller – verlangt Eros nach Intimität. Intimität unterscheidet Erotik und Sexualität, Sexualität und Sex. Das Paarkonzept bestimmt auch die Intimität eines Paares, den Zusammenhang zwischen Erotik, Sexualität, Intimität und – Liebe.

Wunibald Müller: Intimität. Vom Reichtum ganzheitlicher Begegnung. Grünewald 1989. 128 Seiten
Bernhard Sill: Die Kunst der Geschlechterliebe. Plädoyer für einen androgynen Lebensstil. Grünewald 1989. 136 Seiten

Liebeslust

Für *»Die Lust an der Liebe«* und die Liebe zur Lust streitet der amerikanische Psychologe und Theologe *Sam Keen,* weil er darin die Mitte des Lebens, den Ausgangs- und Zielpunkt ganzheitlichen menschlichen und ökologischen Wachstums, weil er darin die Chance einer auch politisch wirksamen menschlichen Lebensform sieht. Sein an den Entwicklungsstufen des Menschen vom beschädigten Kind zum Liebenden hin orientiertes Buch ist ein mitreißender Ansatz, den Menschen als erotisches Lebewesen zu deuten und anzuregen. In völlig anderer Form beabsichtigt der Philosoph und Theologe *Johannes Heinrichs,* Menschen nicht nur zu intensivem Nachdenken, Meditieren von Liebe und Erotik anzuregen, sondern in ihnen auch Wunsch und Handlung zu beflügeln, die erotische Potenz der Liebe für eine Umgestaltung der privaten und öffentlichen Wirklichkeit fruchtbar werden zu lassen. Allerdings wird die Absicht dieses Autors nicht von vornherein sichtbar. Denn er hat sein Buch in der Art eines Lexikon aufgebaut, das alle wichtigen Stichworte im Umkreis des Themenfelds Liebe enthält. Jedes Stichwort, jede Sentenz (»ich liebe dich«) lädt mit Informationen, Nachdenklichkeit, bisweilen mit lyrischen Kurztexten zur Betrachtung ein.

Obszön zur Sache geht es in dem postmodernen Werk der Franzosen *Alain Finkielkraut* und *Pascal Bruckner »Die neue Liebesunordnung«.* In gelegentlich verspielter Sprache durchschauen sie die Vorgänge, die nach der vermeintlichen sexuellen Revolution einsetzen und bis zur heutigen Liebes*un*ordnung führen. *Finkielkraut* und *Bruckner* erkennen in ihrem Buch zu Recht, wie sich erotische und sexuelle Standards auflösen, wie Geschlechterrollen diffus werden bis zur Vertauschbarkeit der Rollen, bis zur Aufhebung sexueller Spannung. Fast trotzig demaskieren sie scheinbar liberale Liebesverhältnisse als zivilisierte Abhängigkeiten von Leistungsnormen, Image- und Technikkriterien. Sie plädieren daher für eine wahrhaft humane Befreiung der Liebe, der Erotik, die Liebende aus jeglicher Norm entläßt, die neuen Unordentlichkeiten für erotische und sexuelle Selbstbestimmung jenseits jeglicher Zivilisierung der Liebe nutzt.

Weniger provokant, aber mindestens so anregend ist das Buch vom Begründer der Bioenergetik, *Alexander Lowen,* über *»Liebe, Sex und dein Herz«.* Das Herz ist für den Körpertherapeuten *Lowen* Zentrum des Lebens und die Verbindung zwischen Liebe, Körper, Seele und Sexualität. *Lowen* kann dies mit anatomischen und medizinischen Hinweisen nachvollziehbar machen. Was Grundlage seiner Körpertherapie ist, ist für *Lowen* auch Grundlage dafür, das Herz des Menschen zu betrachten. Die Bioenergetik geht von einer natürlichen Identität zwischen Körper und Selbst eines Menschen aus. Sie begreift daher körperliche Störungen als Ausdruck seelischer Verdrängungen und Konflikte. Weil sich viele Menschen ihnen nicht aktiv stellen, schlagen sie sich organisch und in Muskelverspannungen sowie in Besonderheiten der körperlichen Haltung nieder. Der freie Fluß der Lebensenergie durch die Körper wird gehemmt. Für den freien Fluß der Lebensenergie durch den Rhythmus des Herzens, des Blutkreislaufs, die Durchblutung der Organe und der Haut ist das Herz zuständig. Es hat zentralen Anteil am körperlichen Geschehen und Ausdruck von Liebe und Sexualität. Herz- und Kreislaufkrankheiten sind also die körperliche Seite einer Störung der Lebensenergie. So werden sie von *Lowen* verstanden und gedeutet, nicht ohne Hinweise auf Lebensveränderungen zu geben, die ans Herz gehende Störungen überwinden oder ihnen vorbeugen. Dazu gehört vor allem, daß wir im körperlich-seelischen Ausdruck der Liebe erwachsener werden und den Riß zwischen unserem Ich und dem Herzen heilen.

Alain Finkielkraut/Paul Bruckner: Die neue Liebesunordnung. rororo 8557. 1989.
Johannes Heinrichs: Die Liebe buchstabieren. Philosophisch-poetische Stichworte. Fischer 3867. 1987.
Sam Keen: Die Lust an der Liebe. Leidenschaft als Lebensform. Beltz 1985/2. 292 Seiten
Alexander Lowen: Liebe, Sex und dein Herz. Kösel 1989. 240 Seiten

Läßt sich kranke Liebe heilen?

Gestörte Liebe und kranke Liebesbeziehungen zu heilen ist das Anliegen der meisten Bücher, die im Themenfeld Partnerschaft, Liebe und Erotik erscheinen. Zu großer Bedeutung gelangte das Buch des Schweizer Theologen und Psychotherapeuten *Peter Schellenbaum* über »Abgrenzung und Hingabe in der erotischen Beziehung« unter dem Titel *»Das Nein in der Liebe.«*

Schellenbaum legte damit ein Buch vor, das er auch durch spätere Werke wie *»Die Wunde der Ungeliebten«* in Intensität, Klärung und Perspektivbildung für die Partnerschaft erotischer Liebe kaum übertreffen konnte. Der Erfolg dieses Buches beruht sicherlich auf der Tatsache, daß in vielen Paaren noch keine offene Kommunikation über Nähe und Distanz entstanden ist, daß Fragen der Abgrenzung und des Neinsagens versteckt und indirekt ausgehandelt statt offen ausgetragen werden. Paare sitzen so oft dem Mythos von glücklicher Partnerschaft auf, in der es nur Verschmelzung, nur Nähe geben darf. *Schellenbaum* leitet an, in der Liebe Nein zu sagen, ohne die Liebe zu stören. Anstelle der Verschmelzungsphantasien, die sich doch nicht realisieren lassen, setzt *Schellenbaum* auf die Kraft des Eros, der sowohl zum Respekt vor eigenen und fremden Grenzen veranlaßt, als auch zu grenzüberschreitender Liebesbeziehung zu Menschen. Aus Abwehr wird Selbstsein, aus Verschmelzung wird Einfühlung. Das Nein in der Liebe ist überlebenswichtig für jede Partnerschaft.

»Gestörte Zweierbeziehung« hat ihren Grund oft in einem unerfüllten *Hunger* nach *Verständnis und dem Schmerz des Nichtverstandenseins*. So betrachtet der Berliner Psychoanalytiker *Dietmar Stiemerling* kranke Liebesbeziehungen. In einem phantastischen Buch schildert und analysiert er anschaulich die gestörten Voraussetzungen, Prozesse und Verhaltensweisen, die den Teufelskreis einer gestörten Zweierbeziehung begründen. Die falsche, unrealistische Sicht des Partners, überzogene Erwartungen an das wechselseitige Verstehen aufgrund einer Biographie kindlichen Unverstandenseins sind für *Stiemerling* die Hauptgründe vielfältiger Ereignisse gestörter Partnerschaft. Ist ein Paar schon sehr in eine kranke Beziehung verstrickt, empfiehlt er Selbsthilfegruppen und Paartherapie.

Damit wird ein Bereich angesprochen, der für eine ganze Reihe von Büchern im Vordergrund steht: Die Selbsthilfe derjenigen, die unerfüllte Ansprüche an Partnerschaften haben, und die sich zu Gruppen zusammenschließen. Nicht ganz so weit geht die Ehetherapeutin *Brenda Schaeffer* mit ihrem Selbsthilfebuch *»Wenn Liebe zur Sucht wird«*. Sie unterscheidet süchtige und gesunde Liebe, wobei die Frage ist, ob süchtige Liebe überhaupt korrekt als Liebe bezeichnet wird. Korrekter wäre es, über die Sucht zu schreiben, die etliche Leute für Liebe halten. Gleichwohl versteht sie es mit Anleihen bei der Transaktionsanalyse, »süchtige Liebe« zu kennzeichnen, Indizien und Übungen nahezubringen, mit denen sich Menschen ihrer Situation bewußt werden können. Ob sie damit jedoch ihre Beziehung zu heilen vermögen, möchte ich sehr in Zweifel ziehen.

Brenda Schaeffer: Wenn die Liebe zur Sucht wird. Heyne 1989. 176 Seiten

Peter Schellenbaum: Das Nein in der Liebe. Abgrenzung und Hingabe in der erotischen Beziehung. dtv 15023. 160 Seiten

Peter Schellenbaum: Die Wunde der Ungeliebten. Blockierung und Verlebendigung der Liebe. Kösel 1989/5. 189 Seiten

Dietmar Stiemerling: Gestörte Zweierbeziehung. Der Hunger nach Verständnis und der Schmerz des Nichtverstandenseins. Pfeiffer 1986. 230 Seiten

Böse Männer – Arme Frauen?

Eigenartig: Fast alle Bücher, die Liebe als Sucht, als Leid, als Gehorsam aufdecken und kritisieren, folgen einem bestimmten Schema. Frauen lieben zu sehr, lassen sich gebrauchen, lieben stellvertretend für die Männer, lieben ausgerechnet sogar Männer, von denen sie gehaßt werden, hängen sich an untreue und bindungsunwillige Männer, verwechseln Liebe mit Gehorsam. Stets sind die Männer die degenerierten, beziehungsunfähigen Menschen, auf die die beziehungssüchtigen Frauen dann hereinfallen. Empfohlene Lösungswege: 1. Die

Frauen werden sich ihrer beschädigten Situation und ihrer Schuld bewußt, sich darin zu befinden; 2. in einem Prozeß der Selbstklärung und -hilfe gehen Frauen zu ihren verhängnisvollen Liebes- und Beziehungskonzepten auf Distanz und auf die Suche nach einer neuen Fraulichkeit; 3. sie probieren, die Männer auf eine andere Form von Partnerschaft hin umzuerziehen; schlägt der Versuch fehl, lösen sie sich in einem schmerzlichen Selbsterlösungsprozeß von ihnen und gewinnen eine neue Freiheit, sie selbst zu sein, Frau zu sein, lieben und in Beziehung existieren zu können.

Besonders seit dem Bestseller der amerikanischen Therapeutin *Robin Norwood »Wenn Frauen zu sehr lieben«* und seiner Bestseller-Ergänzung von *Wilfried Wieck* über *»Männer lassen lieben«* hat sich dieses Schema mehrmals erfolgreich auf dem Buchmarkt bewährt. Ob sich damit die Beziehungen nachhaltig in dem Umfang der Auflagenzahlen geändert haben, muß sehr, sehr skeptisch beurteilt werden. Eben wegen der meist unbefriedigenden Veränderung, die einer solchen Buchlektüre folgt, können dann weitere Bücher entsprechend erfolgreich werden und den Wunsch nach Alternativen wenigstens auf dem Papier befriedigen. Dazu gehören *»Liebe als Leid«* von *Susan Forward, »Ihm zuliebe?«* von der Therapeutin *Irmgard Hülsemann,* die Bücher, die Männer Frauen durchsichtiger machen wollen, wie *Carol Botwinds »Männer, die nicht treu sein können«* und *»Wenn Männer sich nicht binden wollen«* vom Paartherapeutenpaar *Sonya Rhodes* und *Marlin Potash.*

Robin Norwood: Wenn Frauen zu sehr lieben. Die heimliche Sucht, gebraucht zu werden. Rowohlt 1986. 336 Seiten

Carol Botwin: Männer, die nicht treu sein können. Warum sie so sind und wie Frauen mit ihnen leben können, ohne zu leiden. Hoffmann und Campe 1989. 320 Seiten

Susan Forward/Joan Torres: Liebe als Leid. Warum Männer ihre Frauen hassen und Frauen gerade diese Männer lieben. Bertelsmann 1988. 380 Seiten

Irmgard Hülsemann: Ihm zuliebe? Abschied vom weiblichen Gehorsam. Kreuz 1988. 191 Seiten

Sonya Rhodes/Marlin Potash: Wenn Männer sich nicht binden wollen. Droemer Knaur 1988. 272 Seiten

Wilfried Wieck: Männer lassen lieben. Die Sucht nach der Frau. Kreuz 1987 (auch: Fischer 4734. 1990). 206 Seiten

Partnerschaft lernen

Heilsam können Bücher wirken, die nicht einfach aktuellen gesellschaftlichen Behandlungsformen der Partnerschaft folgen, nicht alle Probleme und Lösungen an einem Faden aufhängen, sondern Angebote zu einem gemeinsamen Lernprozeß machen wollen. Ausgezeichnete Helfer in diesem Sinne sind zwei Bücher. *»Die Wahrheit beginnt zu zweit«* von dem Psychoanalytiker *Michael Lukas Moeller,* der auch am Aufbau der neueren Selbsthilfebewegung maßgeblich beteiligt war. Und das schon fast alte, aber nichtsdestoweniger fruchtbare Büchlein des Ehe- und Familientherapeuten *Fritz Fischaleck* über *»Faires Streiten in der Ehe.« Moeller* will einer Kultur der Zwiegespräche in der intimen Partnerschaft auf die Beine helfen, die als »Fenster zum gemeinsamen Unbewußten« einen Weg vertieften Kennenlernens und Verstehens eröffnen. Die Zwiegespräche fußen auf der Einsicht, daß die wechselseitige Unkenntnis größer ist als die gleiche Wellenlänge, daß wechselseitige Übergriffe und Versuche, den anderen zur eigenen Kolonie zu erklären, unbemerkter vonstatten gehen als viele von uns nur ahnen. An Beispielen demonstriert *Moeller* Sinn und Vorgehensweise solcher Zwiegespräche, die sich auch gut als Selbsthilfebewegung von Paaren begreifen lassen.

Fischalecks Buch kann genutzt werden, um in jeder Partnerschaft zu einem Stil von Auseinandersetzung und Konflikt zu finden, der die Partnerschaft nicht mindert, sondern sogar wachsen läßt. Erfahrungen, Informationen und Übungsanleitungen sind in diesem Buch zu einer gekonnten Mischung vereint, die schon oft auch in Gruppen erfolgreiche Anwendung gefunden hat. Wer allein oder zu zweit auf mehr meditativem Wege zu wachsender Gemeinschaft kommen will, ist mit dem Büchlein von *Rüdiger von Roden »Aus DIR mach WIR«* gut beraten. Die zahlreichen Meditations- und Übungsteile, die Geist und Methode der Initatischen Therapie nach *Dürkheim* atmen, sind durch einen einfühlsamen Text über die Dimensionen der meditativen Partnerschaft verbunden.

Fritz Fischaleck: Faires Streiten in der Ehe. Partnerkonflikte besser lösen. Herderbücherei 644. 1987/2. 191 Seiten
Michael Lukas Moeller: Die Wahrheit beginnt zu Zweit. Das Paar im Gespräch. Rowohlt 1988. 320 Seiten
Rüdiger von Roden: Aus DIR mach WIR. Aus der Einsamkeit zur Gemeinsamkeit. Herderbücherei 1147. 1984. 157 Seiten

Eifersucht trifft Liebesnerv

Alle do it yourself-Bücher für die Partnerschaft müssen scheitern, wenn sich einer der Partner in der Beziehung sehr bedroht fühlt. Eifersucht ist ein häufiges Bedrohungsgefühl bei demjenigen, der sich um seine Beziehung und Liebe gebracht sieht und zu sehen meint. Daß Eifersucht nichts mit Liebe, sondern eher mit Liebesmangel und mit der Liebesangst zu tun hat, klärt der Theologe und Eheberater *Fritz Tanner* in seinem schlichten und klaren Buch *»Eifersucht und Liebe«*. Besitzen-Wollen, die Angst vor dem Vergleich und die Verlustangst sieht *Tanner* als die Wurzeln der Eifersucht. Sie sind vor allem für den Eifersüchtigen Indikatoren für Defizite seiner Liebe, die aus seiner Biographie, aus seinen Mythen und Erwartungen über Partnerschaft, aus eigener innerer Unfreiheit herrühren können. Eifersucht demaskiert Liebe als Sucht.

Dem vergleichsweise schmalen Band von *Tanner* stehen die etwas umfangreicheren Werke von *Wolfgang Krüger »Eifersucht – die kreative Kraft«* und von der bekannten Feministin *Nancy Friday »Eifersucht. Die dunkle Seite der Liebe«* gegenüber. Während *Krüger* auf etwas mehr als 250 Seiten verschiedene

Formen der Eifersucht unterscheidet, Fallbeispiele schildert, Hintergründe der Eifersucht beleuchtet und Eifersucht als Motor interpretiert, Beziehungen zu verändern und selbst zu neuem Selbstverständnis zu kommen, nimmt *Friday* die Leser mit auf eine ausgedehnte Forschungsreise durch Eifersüchte und vor allem durch die Theorien und Erklärungen über Eifersucht. Das zwischen persönlichem Bekenntnis und wissenschaftlicher Reflexion hin und her pendelnde Buch stellt Eifersucht als Bestandteil jeder mitmenschlichen Beziehung dar, was Tanner gerade bestreitet und für heilungsbedürftig hält. Eine der häufigsten Beteiligten der Eifersucht, die Geliebte, ist Thema

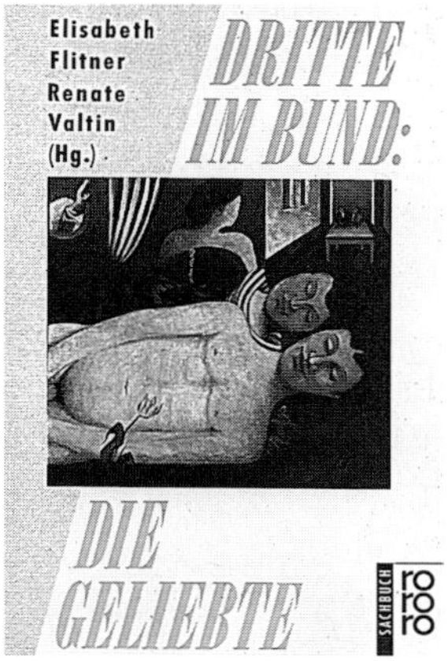

des von *Elisabeth Flitner* und *Renate Valtin* herausgegebenen Taschenbuchs *»Dritte im Bund: Die Geliebte«*, das durch verschiedene, meist sehr aufschlußreiche Beiträge die Eifersucht aus der anderen Warte der »Beeifersüchtigten« beleuchtet, eine – wie sich herausstellt – nicht sonderlich beneidenswerte Warte.

Gleichzeitig zu diesem Taschenbuch sind andere Veröffentlichungen zum gleichen Thema in voluminöserer Form erschienen, die aber nicht den Vorzug haben, Frauenperspektiven unterschiedlicher Art anzubieten. Besonders provokant ist der Beitrag der feministischen Theologin *Elga Sorge »Geliebte oder Liebende«* in diesem Taschenbuch, der auf die spirituell-erotische Kraft der Frauen hinweist.

Um so tiefliegende Störungen wie Eifersucht zu bearbeiten, reicht es nicht, sich in einer Partnerschaft an bestimmte Kommunikations- und Konfliktregeln zu halten. Entscheidend ist, wie intim die Partner sich einander in den Tiefenschichten ihres Unbewußten und ihren von ihnen selbst verdrängten Gefühlen nähern können.

Moeller weist in seinem Buch über das *Paar im Gespräch* einen sicher hilfreichen Weg. Dazu kommt aber unbedingt die Erfahrung für jeden Partner, wie verläßlich der jeweils andere ist, wie sehr beide miteinander Geborgenheit und Zärtlichkeit für die eigene Verletzlichkeit aufzubauen in der Lage sind. Nicht der Seitensprung, nicht die offene Partnerschaft sind der Grund der Eifersucht. Sondern die nicht ausreichende Erfahrung, die stets neuer Bestätigung bedarf, daß der andere in guten und schlechten Tagen zu mir steht und mich um meiner selbst willen liebt.

Wo solche Erfahrungen mittelfristig nicht zu vermitteln, nicht wahrzunehmen sind, wo Partnerschaften eher Leid als Liebe spürbar werden lassen, ist eine Trennung oftmals hilfreicher als die notdürftig immer wieder gekittete Beziehung, die um den Preis gegenseitig neu zugefügter Verletzungen und einschränkender Arrangements erkauft wird.

Elisabeth Flitner/Renate Valtin (Hg.): Dritte im Bund: die Geliebte. Über das Leben im Beziehungsdreieck. rororo 8432. 1987

Nancy Friday: Die dunkle Seite der Liebe. Eifersucht. dtv 11020
Wolfgang Krüger: Eifersucht – die kreative Kraft. Hoffmann und Campe. 1987. 256 Seiten
Fritz Tanner: Eifersucht und Liebe. Cause. 165 Seiten

Liebe hat immer Zukunft

Weil vielen der *»Mut zur Trennung«* fehlt, versacken sie in kraftlosen und heillosen Beziehungen, die mehr Destruktion als Frieden freisetzen. In ihrem erstklassigen Buch beschäftigt sich die Psychoanalytikerin *Judith Viorst* mit

der Angst vor der Trennung und dem Mut zur Trennung, um Menschen von ihren Illusionen und Mythen zu befreien, die sie hindern, sich und anderen wirklich Gutes zu tun. Es gibt »menschliche Verluste, die das Leben sinnvoll machen« und trotz aller Trauer nötig sind, um zu neuer Liebe kommen zu können. Dazu gehört auch der Verlust der eigenen Söhne und Töchter, der eigenen Eltern. Wenn Menschen einander nicht freigeben können, wenn sie nicht mit Distanz, Trennung und Verlust umgehen lernen können, bleiben sie unter Umständen stehen, unfähig zu jeglicher Veränderung, erstarrt in versteinerten Symbiosen. Klebebeziehungen dieser Art aber können tödlich sein für die Partner, für die Liebe, für das Leben ringsum.

Anhand von 103 Interviews mit Frauen und Männern über ihre Trennungsgeschichten hat die amerikanische Soziologin *Diane Vaughan* *»Stationen und Strategien der Trennung«* gesichtet: *»Wenn Liebe keine Zukunft hat«*. Natürlich gibt es Regelmäßigkeiten zwischen Partnern, wenn es zur Distanzierung, zur Trennung, zum Abschied voneinander kommt. Aber wann einer der Beteiligten der gemeinsamen Liebe keine Zukunft mehr gibt oder die vorhandene Beziehung als Lieblosigkeit einschätzt, das entzieht sich zumeist nicht nur den Wissenschaftlerinnen und Wissenschaftlern, sondern auch den Betroffenen selbst. Im nachhinein finden sich dann immer viele mögliche Gründe, warum und wann eine Beziehung auseinanderging, aber die Suche nach diesen Gründen wirkt doch recht willkürlich. Gar nicht selten kommt es auch vor, daß ein Paar zwar einander in Liebe zugetan ist, aber im Alltag keine verträgliche Gemeinsamkeit findet. Sicher sind an dieser Stelle paartherapeutische Unternehmungen hilfreich. Ihr Erfolg hängt davon ab, wie tief die Liebe wirklich reicht und ob sie auch die Beschädigungen an der Seele eines jeden Partners miteinzuschließen vermag. Wer zu solcher Liebe fähig ist, wird in aller Regel befriedigende Partnerschaften aufbauen können, wenn er Partner findet, die mit ihm eine offene und zugleich liebevolle Kommunikation realisieren. Daher ist mit einer Trennung nicht das Leben zu Ende, nicht die

Liebe ausgelöscht, kein Beweis erbracht, beziehungsunfähig in Partnerschaften zu sein, wie nicht wenige nach einer oder mehreren Trennungen glauben.

Wie durch eine Trennung hindurch neu Tritt auf dem Weg zu neuer Beziehung und Liebe zu fassen ist, erläutern der Verhaltenstherapeut *Stephen Gullo* und seine Patientin *Connie Church,* die aus unerträglichem Liebeskummer und Trennungsschock in *Gullos* Therapie gekommen war. Sie wandelte sich zu einer begeisterten Klientin, die an sich die positiven Wirkungen der Therapie erfahren konnte. Ihr Wunsch, möglichst vielen davon Kenntnis zu geben, hat sie mit *Gullo* in diesem Buch umgesetzt. Es klärt Hintergründe, Stationen und Erfahrungen der »Trennungskiste«, legt »Eigentherapie und Selbstheilung« nahe, ermutigt zu neuen Schritten in Beziehungen hinein und erschließt ein über die Trennung hinausreichendes Selbstverständnis als liebes- und beziehungsfähiger Mensch. Bisweilen hat das Buch den Charakter eines Appells, der pädagogisch empfindliche Gemüter eher abschrecken kann.

Stephen Gullo/Connie Church: Wir haben uns getrennt – und was jetzt? Der Weg aus dem Trennungsschock. Wie man das Ende einer Liebesbeziehung positiv überwinden kann. Scherz 1989. 192 Seiten
Diane Vaughan: Wenn Liebe keine Zukunft hat. Stationen und Strategien der Trennung. Rowohlt 1988. 384 Seiten
Judith Viorst: Mut zur Trennung. Menschliche Verluste, die das Leben sinnvoll machen. Hoffmann und Campe 1988. 414 Seiten

Eros im Zentrum

Der Umgang mit gescheiterten Beziehungen, mit versiegender Liebe ist in theologischen Büchern immer noch ein vergleichsweise selten anzutreffendes Thema. Wenn die gescheiterte Partnerschaft behandelt wird, dann zumeist in pastoraltheologischen Büchern für Mitarbeiter von Gemeinden, um Grundlagen und Methoden zu vermitteln, wie mit Geschiedenen umzugehen sei. Denn Scheidung von Ehen, aus Lieblosigkeit aufgelöste Partnerschaften und nichteheliche, sexuell-intime Partnerschaft »kommen« innerhalb der katholischen Kirche nicht »vor«, innerhalb der evangelischen Kirche wird das Thema eher am Rande behandelt. Dagegen stehen in theologisch inspirierten Büchern über Ehe und Partnerschaft oft Erotik und Sexualität im Zentrum – mittlerweile eher in positiver Sicht, nachdem die eher negative und reglementierende Sicht die Generationen bis in unsere Zeit geprägt hat.

Der Theologe und Eheberater *Fritz Tanner* stellt in seinem Buch *»Eros und Religion«* in prosaischem Stil einen Wechselbezug von Sexualität und Spiritualität her. Für ihn ist die Religion von ihrer Mitte her erotisch, so wie der Eros für ihn eine äußerst religiöse Realität ist. In ähnliche Richtung denkt der Theologe *Heinrich Dickerhoff* in *»Daß wir Zärtlichkeit nicht gottlos nennen«,* wenn er Christentum und Sexualität aussöhnen will. Er folgt aber in starkem Maße offizieller Kirchentheologie sowohl im biblischen wie im sakramentalen Denken, so daß er schließlich die Lösung für den langanhaltenden Widerspruch von kirchlich geregeltem Christentum und menschlicher Sexualität in »frommer Zärtlichkeit« erblickt.

Eine Lösung, die ihm kein Kirchenmann übel nehmen wird. Das heißt nicht, daß es nicht sehr gewinnende Abschnitte gibt, in denen *Dickerhoff* sich dem Trend der kirchlichen Ehelehre entgegenstemmt, vor allem die Frage nach der Form des Zusammenlebens von Frau und Mann zu stellen – und dies meist mit einzigartigem Interesse an der Institution Ehe. Hier will *Dickerhoff* die kirchliche Ehelehre zu einer Theologie der »Ehe als Gotteszeichen« wenden. Doch weil er selbst ständig zwischen Ehe und Partnerschaft, zwischen institutionalisierter Sexualität und grenzüberschreitender Zärtlichkeit hin und her schwankt, bleiben die Ausführungen im Endergebnis unbefriedigend. Fehlte dem Autor der Mut zu klareren Positionen eventuell auch gegen kirchliche Doktrinen?

Da geht der Theologe *Gottfried Bachl* in seinem Buch *»Der beschädigte Eros«* schon beherzter zur Sache, wenn er »die Spannung der Geschlechter im christlichen Denken« untersucht. Da fehlt es nicht an offenherziger und pointierter Kritik an christlichen Theologen, die so mir nichts dir nichts zu unpartnerschaftlichen, leibfeindlichen, freiheitsgehäßigen und sexualabwehrenden Positionen gekommen sind, mit denen sie das ursprüngliche Christentum in Mißkredit gebracht haben. Deshalb *Bachl* folgerichtig: »Im Raum dieses Christentums kann sich keine Kultur des Eros entwikkeln, nicht nach der Weisheit gesucht werden, den Liebestrieb zu personalisieren und als Medium der Menschwerdung zu erleben.« Zuflucht sucht *Bachl* daher bei den Dichtern, die seit dem Mittelalter versuchten, »den Eros aus dem verneinenden Druck des herrschenden Ideals zu befreien, aus dem Gestrüpp der moralischen Imperative zu lösen und wieder in die Würde zurückzuführen, ein Ausdruck des Evangeliums zu sein«. Für *Bachl* ist die Theologie derzeit noch kein vollwertiger Berater der Paare, sondern hat bei den Paaren und Liebenden in die Schule zu gehen.

Von erheblichem Gewinn ist über das Hauptthema Sexualität hinaus das Buch des Tübinger Theologen und Pädagogen *Wolfgang Bartholomäus* mit dem Titel *»Unterwegs zum Lieben«*. Er schloß damit erfolgreich an sein Buch *»Glut der Begierde – Sprache der Liebe«* an, in dem er besonders die Sexualpädagogik und -theologie der letzten zweihundert Jahre untersuchte und positive Perspektiven einer Sexualanthropologie entwarf. In seinem zweiten, unabhängig vom ersten lesbaren Buch befaßt er sich mit vier nachhaltigen Veränderungen im Verhältnis der Geschlechter, in der Sexualität und in der Partnerschaft: Um die Entwicklung von der mannzentrierten zur menschlichen Sexualität und ihre Folgen für

Paare geht es im ersten Kapitel; von der Veränderung der genitalen zur polyzentrischen Sexualität handelt das zweite; die Befreiung aus der pflichtgemäßen zu einer spielerischen Sexualität thematisiert das dritte; und das vierte

und letzte Kapitel betrachtet die Felder und Prozesse, während sich die ehezentrierte zur liebegeprägten Sexualität verwandelt. *Bartholomäus* will also jene »Zivilisiertheit« der Sexualität und Erotik überwunden wissen, die einschränkt und beschränkt statt zu befreien und miteinander in Selbständigkeit und Partnerschaft wachsen läßt.

Gottfried Bachl: Der beschädigte Eros. Frau und Mann im Christentum. Herder 1989. 93 Seiten

Wolfgang Bartholomäus: Unterwegs zum Lieben. Erfahrungsfelder der Sexualität. Kösel 1988/2. 230 Seiten

Wolfgang Bartholomäus: Glut der Begierde – Sprache der Liebe. Unterwegs zur ganzen Sexualität. Kösel 1988/2. 294 Seiten

Heinrich Dickerhoff: Daß wir Zärtlichkeit nicht gottlos nennen. Zur Versöhnung von Christentum und Sexualität. echter 1989. 168 Seiten

Fritz Tanner: Eros und Religion. Panorama. 226 Seiten

Sinnlichkeit: das Herz sexueller Partnerschaft

Die Zeit der indirekten, umständlichen und vieldeutigen Bücher über Sexualität und sexuelle Partnerschaft sind endgültig vorbei. Die neueren Werke räumen mit der verschämten Stimmung auf, die die Beschäftigung mit Sexualität in der intimen Partnerschaft lange vornehmlich wegen des Einflusses kirchlicher Moralvorstellungen beeinflußte. Und obwohl gute und gediegene Bücher über Sexualität für Paare zu haben sind, ist es in Beratung und Therapie immer wieder erschreckend, wie wenig Paare wirklich ausreichend umfassendes Wissen über ihre Sexualität in ihren biologischen, psychischen, spirituellen und methodischen Aspekten haben.

Das Buch von *Michael Carrera* ist für Paare, die gemeinsam den Bereich der Sexualität tiefer kennenlernen, sich von eventuell falschen Vorstellungen und Mythen befreien und neue mutige Schritte gehen wollen, das geeignete Kompendium. Der Band *»Sex«* bietet sehr viel Information, klare, Fotos entlehnte Bleistift- und Graphikskizzen, ein umfassendes Für-und-Wider zu den Bewertungen sexueller Tatsachen und Erfahrungen sowie der moralischen und religiösen Hintergründe.

Weniger dezent, noch direkter, mit farbigen Fotos ausgestattet ist das großformatige Buch *»The Loving Touch. Liebe und Sexualität«*, das offensichtlich auch zu sexueller Lust ermuntern und anregen will. Das Buch verführt etwas dazu, sexuelle Fragen als ausnahmslos praktische Fragen zu behandeln, was sie ausgewiesenermaßen nicht sind. Es räumt dafür aber auch auf mit einer verklemmten und sehr verregelten Sexualität, die selbst in langandauernden Partnerschaften existiert, die Bedürfnisse der Partner verkürzt und wachsende Langeweile, wenn nicht Unlust schafft.

Daß sexuelle Praxis in Partnerschaft in eine umfassende sinnliche Praxis eingebettet sein sollte, hierauf verwenden die wenigsten Paare ausreichende Aufmerksamkeit, weshalb dieser Bereich oft erst nach Krisen durch Beratung,

Kurse oder Therapie gelernt werden muß. *Hermann Meyer* verbindet seine Anleitung zur Sinnlichkeit mit einem Konzept offener sexueller Partnerschaft, durch das die klassischen Geschlechterrollen unterlaufen und für sexuelle Freiheit gesorgt werden soll. So wahr der analytische Teil des Buches *»Die neue Sinnlichkeit«* ist, so untertreibt *Meyer* jedoch sicherlich, wenn er meint, einige gedanklich-moralische Kurskorrekturen und einige neuartige sinnliche Schritte würden zu neuer Freiheit führen. Neue Freiheit ist auch *in* dauerhafter Partnerschaft, neue Sinnlichkeit auch *in* alten Ehen möglich: entscheidend ist die Bereitschaft zur Selbstveränderung, zur Offenheit, zum Ernstnehmen der eigenen und der fremden Bedürfnisse, zur Selbstbestimmung gerade in der Sexualität.

»Die neue Schule der Sinnlichkeit«, die *Lucy Lidell* mit Atmung, Erdung, Tanz, Tai Chi, Eutonie und Massage eröffnet, ist eine herzliche und frohstimmende Einladung, den Bereich sinnlicher Intimität in der Partnerschaft neu zu erobern oder intensiver zu gestalten. Die farbenprächtigen Skizzen und Fotos animieren unmittelbar, aktiv zu werden und sich gegenseitig sinnlich zu beglücken. Intimer wird es dann mit dem durch die Bioenergetik und die Orgontherapie beeinflußten Büchlein *»Bewegen und Erregen«* von *Jack Lee Rosenberg,* in dem Partnerübungen systematisch darauf hinführen, sich sinnlich zu entfalten und miteinander ganzheitlichere Lust zu erfahren.

Sage niemand, Sportlichkeit und Sex schlössen einander aus! Das Gegenteil ist der Fall. Das weist jedenfalls das Buch *»Fitness und Sex. Partnerübungen«* nicht nur theoretisch, sondern in vielen farbigen und großen Fotos auch offensichtlich praktisch nach. Gleichwohl bekommen die sinnlichen Übungen einen Geschmack von Leistung.

Michael Carrera: Sex. Facts, Acts, Feelings. Aus d. Am. v. Michael Herrschel. Ullstein 1986. 480 Seiten
Fitness und Sex. Partnerübungen. Time-Life 1989. 144 Seiten
Hermann Meyer: Die neue Sinnlichkeit. Das intime Glück der Nähe. Goldmann 10375. 1988
Lucy Lidell: Die neue Schule der Sinnlichkeit. Sanfte Körpererfahrung durch Massage und Meditationen. Mosaik 1988. 192 Seiten
Jack Lee Rosenberg: Bewegen und Erregen . . . oder wie man den Verstand verliert. Vorschläge für Entdeckungsreisen in eine neue Sinnlichkeit. Tanner + Staehelin 1988/5. 158 Seiten
The Loving Touch. Liebe und Sexualität. Orbis 1989. 192 Seiten

Körpersprache

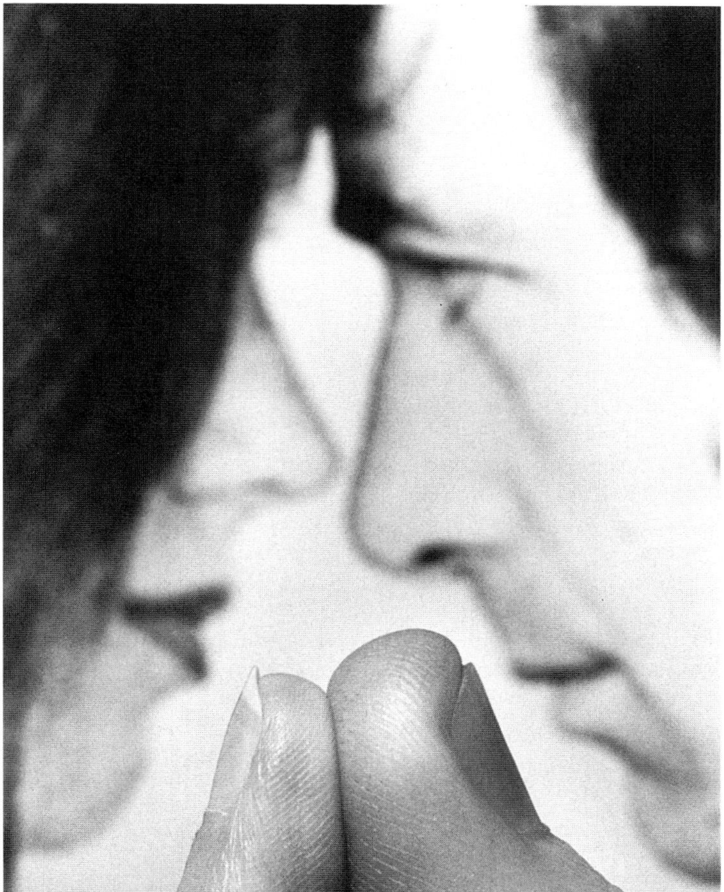

Quellen

Texte

13 Aus: Antoine de Saint-Exupéry, Der Kleine Prinz. Karl Rauch Verlag, Düsseldorf 1956
22 Rechte beim Autor
23 Aus: Michael Cöllen, Das Paar. Menschenbild und Therapie der Paarsynthese. Kösel-Verlag, München 1989
25 Rechte beim Autor
29 Aus: Charles Bukowski, Roter Mercedes. © Verlag Kiepenheuer & Witsch, Köln
30 Rechte beim Autor
34 Aus: Erich Fried, Um Klarheit. Gedichte gegen das Vergessen. Verlag Klaus Wagenbach, Berlin 1985
40 Aus: Rose Ausländer, Ich höre das Herz des Oleanders. © 1984 S. Fischer Verlag, Frankfurt am Main
42 Aus: Judith Sills, Liebe nach dem ersten Blick. Copyright © 1989 by Rowohlt Verlag GmbH, Reinbek (Auszug)
49 Rechte beim Autor
70 Aus: Ulrich Schaffer, Liebendes Wahrnehmen. Kreuz Verlag, Stuttgart 1989
74 Aus: Eva Strittmatter, Die eine Rose überwältigt alles. © Aufbau-Verlag, Berlin und Weimar 1977
81 Aus: Erich Fried, Es ist was es ist. Verlag Klaus Wagenbach, Berlin 1983
91 Aus: Michael Lukas Moeller, Die Wahrheit beginnt zu zweit. Copyright © 1988 by Rowohlt Verlag GmbH, Reinbek (Auszug)
99 Aus: Tilmann Moser, Stufen der Nähe. © Suhrkamp Verlag, Frankfurt am Main 1981
107 Aus: Eva Strittmatter, a. a. O.
113 Aus: Gerhard Falkner, Wemut. Gedichte. © 1989 by Luchterhand Literaturverlag, Frankfurt am Main
119 Aus: Ulrich Schaffer, a. a. O.
134 Aus: Brenda Schaeffer, Wenn Liebe zur Sucht wird. Wilhelm Heyne Verlag GmbH & Co., München 1989
137 Quelle unbekannt

Bilder

Brigitte Alt, Baden-Baden: 57, 61, 64, 66 – Dia-Dienst: 22 (Spörk), 105 (Paul) – dpa, München: 58, 63 – W. Gitzinger, Baden-Baden: 55 – Hilde Körnig-Archiv, München: 8 – Lothar Nahler, Hillesheim: 15, 17, 33, 89, 125, 136, 155 – © Sigurd Olivier, aus: Sigurd Olivier, Jeanette Gorrie, Len Holdstock: touch love, 1982: 40, 43, 47, 51, 73, 79 – Bettina Secker, Bad Honnef: 117

ZEIT&GEIST

Band 2: Geht's gut? Der Wunsch nach Gesundheit

Vilma Sturm: Wie geht es Dir?
Frederike Tinnappel: Patienten verschmähen die Chemie
Winfried Beck: Wer nichts zu beißen hat, braucht auch keine Zähne
Ute-Marie Bauer: Ich muß nicht mehr wegschauen, wenn jemand weint
Beate von Devivere: Frauen leben länger – auch besser?
Rüdiger Dahlke: Krankheit als Weg. Die Botschaft der Symptome
Siegfried Rudolf Dunde: Wie wir AIDS brauchen
Großes Interview mit *Eugen Drewermann:*
Von der Seele gehen Krankheit und Gesundheit aus
Helmut Hark: Liebe Dich selbst, dann bist Du gesund!
Peter Sarpong: Du bist krank, weil Du den toten Vater nicht ehrst
Bernd Frederich: Nicht der Patient ist krank, sondern die Beziehung, in der er lebt
Till Bastian: Öko-Biotik. Zum Verhältnis von Medizin und Ökologie
Außerdem: Informationen, Anleitungen, Buchbesprechungen, Kommentare, und Fotos zum Thema Gesundheit.
156 Seiten

ZEIT&GEIST

Band 3: Ist das alles? Frauen zwischen Erfolg und Sehnsucht
Mit Beiträgen u. a. von: *Bärbel Bohley, Christa Mulack, Freya Klier, Elga Sorge, Irene Kummer, Petra Kelly, Elisabeth Moltmann-Wendel, Ingrid Füller und Monica Weber-Nau*
Frühjahr 1991. Ca. 160 Seiten, mit zahlreichen Abbildungen

Band 4: Immer mehr? Die Verführung zur Sucht
Mit Beiträgen u. a. von: *Dorothee Sölle, Adolf Holl, Horst-Eberhard Richter, Dietmar Mieth, Norbert Copray, Till Bastian, Anne Wilson-Schaef und Ingried Riedel*
Frühjahr 1991. Ca. 160 Seiten, mit zahlreichen Abbildungen

KÖSEL